Well-liked people never say usual phrases

好かれる人が絶対しないモノの言い方

渡辺由佳
Yuka Watanabe

日本実業出版社

ちょっとしたひと言で誤解や気持ちのすれ違いはスッキリなくなる——はじめに

言葉は、とても不確かなものです。

みなさんの、これまでの会話を振り返ってみてください。

「あの人、どういう意味であんなことを言ったのだろう」「私の言うことってどうしてうまく伝わらないのだろう」「あのとき言ったことで、なぜムッとされたのだろう」こんなふうに思った経験はありませんか？


どういう気持ちで言葉を発しているかは本人にしかわかりません。十人が同じ言葉を言ったとしても、その言葉を口にするまでの思考回路は全員違っています。

だから、言葉を交わすなかで誤解や気持ちのすれ違いは簡単に起きてしまいます。

先日、いつも通っているダンススクールの先生とこんなやりとりがありました。

私　「先生、こんにちは」

先生「外、風強かったですか？」
私　「え？　私の髪、乱れてますか？」
先生「いや、そんなことはないですよ」
私　「？？」

私はその日、風が強いという意識がまったくなかったので、先生に風が強いかと聞かれたのは、てっきり自分の髪が乱れているからだと思い込んでいました。私は「いきなり風が強いのかと聞かれたのはなぜだったのだろう。先生は『そんなことない』と言っていたけれど、やっぱり髪がおかしかったんじゃないかな」としばらく気になったものでした。

あとから聞くと、実際にその日の朝はとても風が強かったそうです。だから先生も午後にやって来た私に風のことを聞いたのでしょう。しかし、私は午前中ずっと家にいて、強風が吹いていたことにまったく気づいていませんでした。

このとき、会話は本当に何でもないところで噛み合わなくなるのだな、と思ったものです。

言葉を発するに至るまでの事情や気持ちは、本人以外は正確に知ることはできません。しかも、気持ちは一〇〇%が言葉になるものではなく、隠されている本音や省略されている想いもたくさんあるのです。

言葉はとても不確かなもので、その言い方ひとつで、人間関係をよくもするし、悪くもします。

だから自分が言葉を発するときには、気持ちの部分や事情を、丁寧に説明する努力が必要です。

本書は、言葉が生まれる前の「気持ち」を掘り下げながら、まわりの人への「モノの言い方」を紹介するものです。

たとえば、相手にほめられたときに、謙虚さを持ち合わせている人ならたいてい「いいえ、とんでもない」「そんなことないですよ」と謙遜をします。みなさんはいかがでしょうか？

実はこれは、「あなたは〇〇なところがいい」とほめてくれた相手の気持ちを否定する言い方でもあるのです。

このように本書では、日常にありがちな誤解や気持ちのすれ違いの事例をあげながら、好かれる人になるためのモノの言い方について解説しています。

好かれる人は、まわりの人への配慮を言葉できちんと表現できる人です。むやみに相手を不愉快な気持ちにさせたり、相手を傷つけたりするような言い方をせずに、言いづらいことや自分の要望も、角を立てずに上手に伝えることができます。また、目上の人を立て、部下や後輩などそれぞれの立場を尊重しながら話をすることができます。だから、どこに行っても求められる人になるのです。

本書の各項目には、「好かれる人」がつかわない言葉をNGワードとし、それをどう言い換えたらいいのかをOKワードとして記載しています。紹介する事例も、ビジネスシーンからプライベートまで、なるべく幅広いシチュエーションでつかえるよう意識しています。私のアナウンサー時代の経験や、話し方のスクールや企業研修の講師として教えるなかで気づいたことも盛り込みながら紹介していきます。

単にフレーズだけを解説するのではなく、言葉が生まれる背景となるマインドの部分に光を当てているため、「あの人はどうしてあんな言い方をするのだろう」と思っていた相手の本音の部分に気がつくことができたり、普段よくつかう言葉が、相手を不愉快な気持ちにさせていたと気づくこともあったりするでしょう。

また、これまでうまく言えずに、伝えるのをあきらめていたことも、

「こういう言い方をすれば伝えられるんだ！」
「こんなふうに理由を添えればわかってもらえるんだ！」

と、ヒントがたくさん見つかると思います。

本書を読み終えたあと、職場や家庭でのコミュニケーションが以前よりもスムーズになり、会話が楽しいと感じていただければ、これほどうれしいことはありません。

二〇一六年三月

渡辺由佳

『好かれる人が絶対しないモノの言い方』　もくじ

ちょっとしたひと言で誤解や気持ちのすれ違いはスッキリなくなる――はじめに

第1章

言葉で相手をないがしろにしない

01 ほめ言葉を言われたら否定しない――12
02 自分のための行為には「ありがとう」を伝える――18
03 聞かれたことに「わからない」で返さない――24
04 注意されたら「どこを直せばいいですか？」はNG――28
05 断るときはNOのニュアンスを弱める――32
06 ちょっとした会話で反論しない――38
Column 1 モノの言い方を磨けばキャリアアップに直結――42

第2章

気持ちのすれ違いを生む言い方

07 気持ちを言葉にしないと「意図」は伝わらない――44
08 「とりあえず」は相手を不安にさせる言い方――50
09 「すみません」ではなく「ありがとう」――54
10 「○○さんが言ってたよ」という言葉で相手をほめる――58
11 ほめ言葉は相手に合わせて取捨選択する――62
12 マイナス評価はアドバイスの言葉に換える――66
13 上から目線になる「結構です」に注意――70
14 「言葉が足りず失礼しました」は謝罪にならない――74
Column 2 「ボキャブラリーノート」で語彙を増やそう――78

第3章

角の立たない言い方で上手に伝える

15 間違いはダイレクトに指摘しない——80
16 「前にも言ったと思うけど」と言わない——84
17 相手のミスは「私も悪かった」というニュアンスに——88
18 NOの結論は他人のせいにしない——92
19 反対意見は「いかがでしょうか？」でやわらげる——96
20 「してください」でお願いしない——100
21 してほしいことは、前向き・具体的に——106
Column 3 電車で席を譲るときは否定形＋疑問形で聞く——110

第4章

つたない言葉づかいをしない

22 若者言葉に気をつける——112
23 ビジネスは「すみません」より「申し訳ございません」——116

第5章

相手を不快にさせる言い方を避ける

24 「ちょっと困ったことになりまして」は相手を身構えさせる —— 120
25 相手を立てるボキャブラリーを持つ —— 124
26 人の「好き・嫌い」を口にしない —— 128
27 ネガティブワードをつかわない —— 132
28 クッション言葉を形式的につかわない —— 136
Column 4 「させていただきます」症候群になっていませんか？ —— 140
29 「こうあるべきだ」と決めつけた言い方をしない —— 142
30 人と比較して傷つけない —— 148
31 自分の品格まで下げるネガティブな評価はしない —— 152
32 恩着せがましいことを言わない —— 156
33 悪口や愚痴に同調しない —— 160
Column 5 話しづらい話題を振っていませんか？ —— 164

第6章 気持ちよく会話をはずませる

34 「そうなんですね！」にプラスαのひと言を——166
35 「〜ということですね」と話をまとめる——172
36 自分ばかり話さない——176
37 「でも」で、相手の話を横取りしない——182
38 イメージしづらい言葉はつかわない——186
39 むやみに自慢話をしない——190
40 自虐ネタで卑下しすぎない——194
41 妬みは会話の矛先を変える——198
Column 6 同じような気づかいを周囲に求めない——202

「伝えること」をあきらめないで——おわりに

カバーデザイン　小口翔平（tobufune）
カバーイラスト　田渕正敏
編集協力　梅田梓
DTP　一企画

第1章

言葉で相手をないがしろにしない

01 ほめ言葉を言われたら否定しない

「君あっての営業部だよ」「今日のそのブラウス素敵ね」

こんなふうにほめられたとき、謙遜して「とんでもない」「いえ、そんなことないです」といった否定の言葉で返していませんか？　ほめてくれた相手の気持ちを受けとめて、「ありがとう」と感謝の気持ちを言葉にして伝えましょう。

■「とんでもない」は相手の気持ちを押し返す言い方

日本には「謙遜の文化」が根づいています。誰かにほめられると、心のなかでは「うれしい」と思っているのに、つい謙遜して「とんでもない」と言ってしまいがちです。

同窓会で久しぶりに会った友人が、「○○さん！　ちっとも変わらないね」と言ってきたとき、相手はあなたを見た素直な感想として、ほめ言葉を口にしています。それなのに、「やだ、そんなことないよ」と否定すると、相手は自分の気持ちが押し返されたように感じてしまいます。

「ほんと？　そう言ってもらえてうれしい！」と**相手の言葉をしっかりキャッチして、ストレートに感謝を伝えたほうが、相手も自分の気持ちが伝わったとうれしくなる**でしょう。いつも謙遜したほうがいいとは限らないのです。

内容をプラスして会話を広げる

ちょっとした雑談のなかでのほめ言葉を「そんなことないよ」と否定してしまうと、相手の好意を無にするだけでなく、話題もそこから広がらなくなってしまいます。

友人「今日のそのブラウス、すごく似合ってていいじゃない」
自分「でもこれ、安物なんだ」

ここからこの話題を展開させるのは、むずかしいものです。ここでこの話は途切れてしまいます。

一方、ほめられたときに「ありがとう。これ、お店の人に選んでもらったんだ」と返したらどうでしょうか。「へえ、どこのお店なの？」「お店の人はどんな人だった？」

「そのお店、私も行ってみたいな」など、この会話はどんどん広がっていきます。
「そのお店の店員さんのセンスがすごくよくてね、スカートも一緒にコーディネートしてもらったの」とさらに会話をつづけられるでしょう。

相手のほめ言葉をまず素直に受けとめてから、「実はこれはね」「とくにここが気に入っているんだ」とほめてくれたものについて、**具体的な内容を説明するようにすると、会話が展開しやすくなります。**

ほめ言葉をきっかけに、会話のストーリーを二人で紡ぎだすような返し方ができると、会話上手になることができます。相手のリアクションも考えたうえで、受け答えができるようになると、「この人とは気持ちよく話せるな」と好感を持たれやすくなるでしょう。

お礼にプラスのひと言で「できる人」に

ビジネスシーンでも、先輩から「売上○○円達成ってすごいね！」と言われたときに、「私なんてまだまだ」「いえいえ、すごくないです」といった否定の言葉で返すと、謙遜のつもりが職場の仲間まで一緒に下げてしまうこともあります。なかには、それを不快に感じる人もいます。無理に謙遜せずに、「ありがとうございます。そう言っていただけてうれしいです。引きつづきがんばります」といった言葉で返しましょう。

取引先の目上の相手にほめられたのなら、「身に余るお言葉をいただき、痛み入ります」といった改まった言い方もいいでしょう。「痛み入ります」は「恐れ入ります」を強めた意味で、過分なおほめの言葉をいただいたということを表現しています。「光栄です」「みなさんのおかげです」も短いながらも相手を立てる言葉です。

ほめ言葉に対する受け答えのボキャブラリーを持っていれば、突然言われたほめ言葉にも、あわてず落ち着いて応じることができます。

また、上司やお客様からほめられたら、**感謝の気持ちだけでなく相手のほめ言葉にどんな意図があるかまで察して、プラスのひと言を伝えるようにする**と「できる人」と印象づけることができます。

たとえば上司から「今回の企画、なかなかよかったよ」とほめられたとき、そこには「これからもいい仕事をしてね」という、あなたに対する激励の想いも込められています。まず**感謝の言葉で受けとめたら、つづけて「部長のご指導のおかげです！」**

という相手を立てるひと言をプラスしましょう。ほめてくれた上司を「こんなふうに自分を指導してくれたあなたこそがすばらしい」とほめ返すことにもなります。そして、最後に「これからもがんばります」「もっと精進します」などと自分の抱負を言葉にすれば、相手も「こちらの気持ちがちゃんと伝わっているな」とうれしくなるのではないでしょうか。

ほめてくれたことについて、「自分に何ができるのか」「今後すべきことは何か」「もっとがんばれることがあるか」というところまで思い至り、相手に返すことができれば仕事のパートナーとしても認められるはずです。

ほめてくれた相手がどんな気持ちで言葉をかけたのかを考え、感謝の気持ちとともに受け答えができるようになりたいものです。

ほめられたときには無理に謙遜しない

NG

「そんな、とんでもないです」

せっかく相手は素直な気持ちでほめたのに、その気持ちが押し返されてしまったように感じるひと言です。謙遜のあまり否定しないようにしましょう。

OK

「ありがとうございます！　ご指導のおかげです。これからも精進します」

ほめてくれた相手の気持ちを感謝の言葉でキャッチし、さらに相手をほめ返すようなひと言と今後の抱負を加えれば、相手もうれしい気持ちになります。

02 自分のための行為には「ありがとう」を伝える

「わからないことがあったら何でも聞いてね」と上司や先輩に言われて、とくに疑問がなければ「はい、大丈夫です」といった答え方をしていませんか？　このように返したとき、相手は「私は完璧にわかっています」「あなたに聞くことはもうこれ以上ありません」というニュアンスで受けとってしまう可能性があります。

自分には必要なかったとしても感謝の言葉を伝える

相手が自分のためにとってくれた行動には、たとえ自分には必要のなかったものだったとしても、お礼の言葉を返しているでしょうか。

たとえば自分が欠席したミーティングの資料を持ってきてくれた同僚に「よかったらこの資料いる？」と聞かれたとします。あなたにとってそれが必要なものであれば、

「この資料ほしかったの。ありがとう」と自然とお礼を伝えていると思いますが、必要なかった場合はどうでしょうか。

資料が「いる・いらない」しか考えることができなければ、「さっき部長にもらったからいい」などと、お礼も言わずに必要ないことを伝えるのみの返事で終わってしまいます。そうすると問いかけの奥にあった「相手が自分のためにしてくれた行為」に対しては何も反応しないままになってしまいます。「自分にとってその資料が必要かどうか」ではなく、自分のために資料を用意してくれていた相手の気持ちに思い至り、まずは「心配してくれて、どうもありがとう」という感謝を言葉にしましょう。

「わからないことがあったら聞いてね」と言ってくれている先輩に対しても、ベストアンサーは、「ありがとうございます。またわからないことがあったらお願いします」ではないでしょうか。好かれる人は日常的にこうした感謝の言葉を伝えられる人です。

英語の発想であれば「ノーサンキュー」のひと言で問題ないのかもしれませんが、日本語だからこそ、感謝をきちんと言葉にしてつけ加えたいものです。**自分のために何かを提案してくれたり、行動を起こしたりしてくれたときには、まずはその行為のほうに気持ちを向けることが大切**です。

プレゼントをもらったらうれしさを上手に表現する

誕生日や記念日に何かプレゼントをもらったら、「ありがとう」だけではなく、うれしさを上手に言葉で表現してほしいと思います。相手は、あなたが喜ぶ姿を想像しながらプレゼントを選んでいたはずです。プレゼントを開けたときにどんな反応をするか、楽しみにしているのではないでしょうか。

プレゼントには、「時間」も「お金」も「気持ち」も込められている、ということをぜひ心にとめておきましょう。あなたに何をあげれば喜んでもらえるか、あれこれと想像をしながらプレゼントを選び、ラッピングをして、あなたと会う場所に持っていく。プレゼントはそれだけの長い過程を経てあなたの手元に届いているのです。

まずプレゼントをもらったら、すぐに開けてみるのが鉄則です。たとえばオフィスで昇進祝いに同期や後輩からプレゼントをもらったときに、「ありがとう」と言って脇に置くのと、「ありがとう、ちょっと開けてもいいかな?」と言ってから、包みをといて、出てきたプレゼントに「あっ」とうれしそうな表情を浮かべて「ありがとう、大事にするから」と言えるのとでは、大きな差が生まれます。

もしかすると、こうしたリアクションをするのが苦手な人もいるかもしれませんが、**相手の気持ちを汲みとって、ぜひうれしい気持ちを言葉と表情で表わしてほしい**と思います。プレゼントへの反応ひとつで、そこから先の職場での仕事のやりやすさはもちろん、相手との心の距離も大きく変わってくる可能性があります。

ちなみに私が家族やまわりの人にプレゼントをしてきた経験からすると、男性はプレゼントに対するリアクションがあっさりしていることが多いと感じます。ですから、とくに男性にはプレゼントをしてくれた相手の気持ちを受けとめて、うれしさや感謝を表わすことを意識してもらいたいと思います。

「ありがとう」にコメントをひと言加える

プレゼントを受けとったら、ぜひ「ありがとう」だけでなく、「これ、ずいぶん探したでしょう？」「どうして私の好みがわかったの？」など、何かひと言を加えてうれしい気持ちを言葉にしてほしいと思います。

たとえばもらったプレゼントが洋服や雑貨だったら、「この色がほしかったの」「素敵なデザインだね」と、**ディテールに対してコメントするのもいいでしょう。**

また洋服であれば「ゴルフに行くときに着ていくよ」、食べ物であれば「今夜の晩酌にいただくよ」など、その**プレゼントをどうやってつかおうと思っているかを具体的にイメージして伝えることができれば、プレゼントをした相手も喜ぶはず**です。

プレゼントがなかなか手に入らないようなものであることがわかったら、「このお店のものだったら、並んだんじゃない?」とか「なかなか買えないのに、ありがとう」など、**希少価値のあるものだということにも目を向けて、言葉にしましょう。**

なお、結婚や出産など人生の節目でお祝いの品をもらったときには、とくに丁寧にお礼の気持ちを伝えてください。もらったときだけでなく、後日会ったとき、実際につかったときにも、お礼の気持ちを伝えるようにしましょう。夫婦や職場の何人かからプレゼントをもらった場合には、一人ひとりにお礼を言うのが礼儀です。

こうした節目でのお礼や内祝いはマナーでもあるので、礼を欠くと「常識のない人」と思われてしまい、相手との関係が悪くなることすらあります。

お礼は何度言っても、どれだけ言っても、言い過ぎということはありません。相手の好意をしっかり受けとめて、お礼の言葉を相手に返すようにしましょう。

「見えない好意」に感謝する

NG

（同僚に、会議の資料がいるかと聞かれて）

「いりません」

大切なのは、「いる・いらない」という判断ではなく、会議の資料が必要なのではないかと自分を気づかってくれた相手の気持ちを考えること。心配してくれてありがとうという気持ちを伝えましょう。

OK

「心配してくれてありがとう」

必要のないものだったとしても、自分のためを思って言ってくれたことに対して感謝の気持ちを伝えます。普段からこうした配慮ができる人は、仕事上でも円滑なコミュニケーションがとれるでしょう。

03

聞かれたことに「わからない」で返さない

「わからない」「知らない」といった言葉は、「やりたくない」「やる気がない」と受けとられてしまいがちです。何か質問を受けたとき、NOの言葉のみだと相手は拒絶されたように感じることもあります。「わからないので、教えていただけますか？」「すぐにはわからないけれど、聞いてみるね」などのフォローを加えることが大切です。

「教えていただけますか？」でやる気を見せる

上司から仕事を頼まれたけれど、そのやり方がわからなかったときに、「やり方がわかりません」という答え方をすると、あなたが仕事そのものを「やりたくない」と思っていると上司に誤解されてしまう可能性があります。

「申し訳ありません、○○のところがわからないのですが、教えていただけますか？」

意欲がないと誤解を与えないためにも、このように丁寧に答えるようにしましょう。

「どこまでならわかっていて、どこからがわからないのか」を具体的に伝えたうえで、「教えていただけますか？」と言えば、「わからない部分をクリアすれば、やります」という意志が伝わります。さらに「申し訳ありません」と最初に言うとぐんと印象がよくなります。

友人との会話でも「ジムに通いたいんだけど、どこかいいところ知らない？」と言われたときに「私はジムに行かないからわからない」と返してしまうと、まるで「私はあなたと違ってジムに興味はないの」と言っているような、どこか刺《とげ》のある返事になってしまいます。「この人は私に親しみも感じていなければ、助けようという気持ちもないんだ」と受けとめてしまうかもしれません。

「いまは思い浮かぶところはないけれど、くわしそうな友達に聞いてみるね」といった前向きな返事なら、一生懸命相手のことを考えて言っていることが伝わるはずです。

NOのニュアンスだけでなく、「わからないからどうするのか」「できないからどうしようと思っているのか」ということまでをセットにして返すことが大切です。

「教えられていません」は相手を責める言い方

若手社員に多いのが、わからなかったときに「教えられていません」「聞いていません」と返す人です。こうした言い方をすると**本人のやる気のなさだけではなく、教えていなかった先輩や上司を責めるようなニュアンスまで加わります。**

この言葉が出るのは、仕事とは一から十まで誰かに説明してもらえるものだという認識があるからではないでしょうか。社会に出るまでどっぷりと浸かってきた受け身の教育が尾を引いているのだと思います。学校では、先生に言われたこと以外は、評価されにくく、その結果「与えられること以外は余計だ」という考え方が染みついてしまいます。

最近は何をするにもマニュアルが存在し、マニュアルどおりにやれば一〇〇点が出るものだと勘違いしている人が増えているように感じます。ビジネスでは、一から五くらいまでは教えてもらえるかもしれませんが、五から十は自分で考えなければなりません。**自分の返事が相手をどんな気持ちにさせるかというところまで想像し、そのリスクを考えて発言する**ことも、求められる人材になるために必要なことなのです。

返事はNOで終わらせない

NG

「わかりません」
「教えられていません」

上司の頼みごとに対して、「わからない」だけの返事では、「やる気がない」と思われてしまいます。さらに「教えられていません」は、教えなかった相手に責任を転嫁する言い方になります。

OK

「申し訳ありません、○○がわからないので、教えていただけますか？」

わからないことを自分の責任として謝り、どこからがわからないのかを具体的に伝え、さらに仕事をする意欲があることを示しています。この言い方なら、上司も気持ちよく教えることができます。

04

注意されたら「どこを直せばいいですか？」はNG

日本語の特徴のひとつは、言い方によって対立関係を生み出しやすいことです。

たとえば上司に提出していた書類を書き直すよう戻されたとき、意見を取り入れようと、「どこを直せばいいですか？」と言ったのに、なぜかムッとした表情をされた経験はありませんか？

この場合、相手はあなたが口答えをしたと感じている可能性があります。

「ご意見をいただけますか？」で改善点を引き出す

あるとき、上司に提出していた企画書が「これじゃダメだ」と返されたとします。全体がダメなのか一部がダメなのかがあいまいな言い方でしたが、言われた本人は「ボツになったんだ」と解釈し落ち込んでいました。すると後日その上司から「あの企画書、どうなった？」と聞かれ、「えっ？　ボツじゃなかったんですか？」と驚く。上司があまり深く考えずに気分でモノを言うようなタイプだと、こうしたことが起こりやすいのではないでしょうか。ショックを受けると聞きづらいかもしれませんが、「ボツになった」と思い込む前に**もうひと押し、上司に確認をする**ことも大切です。

ただ、その確認の仕方には注意が必要です。

たとえば「どこを直せばいいですか？」という言い方をすると、相手には「私としては完璧だと思っているのに、どこを直す必要があるの？」「直せって言っているそちらがおかしいんじゃないか」などと**口答えをされているように聞こえ、さらには自分自身を批判されたように感じている可能性があります**。

もちろん語気も荒く「どこを直せばいいですか!?」と言った場合と、謙虚に「どのあたりを直せばよろしいでしょうか？」と言うのとでは、受けとり方も変わります。この会話が英語で行なわれていれば、何の含みもないのですが、日本語では、ネガティブなニュアンスが出てきてしまい、誤解を与えかねません。

この場合は「○○課長のお考えを反映したいので、ぜひご意見をうかがえますか？」と、前向きな言い方をすれば、上司も気持ちよく自分の考えを伝えられ、「とくにこのコスト面と納期がきびしくてね……」などと具体的な話に進みやすくなります。

●「でもそれは」＝「自分は悪くない」ニュアンスに

また、上司から「取引先の○○さんが□□の件で怒っていたよ」と言われたときに、「でもそれは……」と、すぐに弁解しようとする人がいます。もちろん、事情を説明する必要はありますが、すでに取引先は怒っていて、それが上司にも伝わっています。そのようなときには、**まず上司に対して「それは申し訳ございませんでした」というお詫びの言葉を伝えなければなりません。**事情を説明するのはそのあとです。

また、上司から「プレゼンのときはもっと元気に話すといいよ」と言われたときに、「でもそれはキャラですから」などと返すと、アドバイスのしがいがない部下だと思われます。自分のためにしてくれたアドバイスを受けとめ、明るい言い方で「そうですね！　○○さんの話し方をまねしてみます」「ちょっと発声練習でもしてみます！」と言うことができれば、かわいい部下になれるはずです。

アドバイスや注意を受けたとき、自分を正当化したくなる気持ちもわかりますが、「でもそれは」と返すと、口答えと受けとられ、相手の意見を素直に受けとめられない、「自分基準でしかものを考えられない人」と見られてしまう可能性があります。

「口答え」と受けとられない返し方

NG

（提出した企画書を書き直すように言われて）

「どこを直せばいいですか？」

「私の企画書は完璧なのに」と口答えをしているように受けとられている可能性があります。これを言われた相手は「そんなの自分で考えろ！」と怒ってしまうかもしれません。

OK

「課長のお考えを反映したいので、ご意見をうかがえますか？」

企画書を改善したいという意欲がきちんと伝わる言い方です。誤解を与える心配もありません。明るい声で言い、前向きに対処しようとしているという意思を伝えましょう。

05 断るときはNOのニュアンスを弱める

「ビジネス会話はNOで終わらせない」という鉄則があります。それは日本語が、NOのニュアンスがきつく聞こえる言葉だからです。今後もつきあいをつづけたい取引先からの依頼や、予定がなければ受けたい誘いをどうしても断らなければいけないときは、相手を不快にさせない言い方をするよう、とくに気をつけたいものです。

お断りは、お詫び・理由・代案をセットにする

仕事を依頼されたときや、企画をプレゼンされたときなど、ビジネスシーンでは相手の提案に対してYESかNOかを伝える場面が多くあります。NOの返事を伝えるときには気をつかうものですが、感じのよい断り方ができたなら、「今回は残念だけど、またお願いしたい」と思ってもらえるでしょう。失礼のない言い方をするためには、

次にあげる三つのステップを踏むことが大切です。

（1）お詫びの言葉を伝える　（2）断る理由を伝える　（3）代案を提示する

まず、相手の提案を断らなければならないので「申し訳ございません」と、お詫びの言葉を伝えます。

そして、なぜ断らなければならないのか、その理由を伝えます。ただしストレートに言ってしまうと角が立つ場合もあります。たとえば打ち合わせの日を決めるときに、他社との打ち合わせが先に入っていたからといって「申し訳ありません、そこにA社さんとの打ち合わせが入っているので」と言ってしまうと、「A社とうちと、どちらが大事なんだ！」と、思われてしまうかもしれません。また、「社内会議」という理由も自社の都合を優先しているように受けとられます。

相手には、仕事の重みを天秤にかけていると思われないようにしたいものです。もし理由を具体的に言ったほうがいいのかどうか迷うなら、私は「言わない」ほうを選ぶようにしています。このようなときは「その日は動かせない予定が入っておりまして」「よんどころない事情がありまして」といった言い方で言葉を濁《にご》しましょう。

あえて具体的な理由を伝えないほうがよいときもあるのです。

それから、「〜までならできます」という提案をつけます。そして最後に「いかがでしょうか？」と相手に意思を確認すると、より丁寧な言い方になります。

この三つのステップを伝えてお断りをすれば、相手も嫌な気持ちにはならないでしょう。

親しい間柄でも「予定があるから無理」と断らない

親しい間柄のちょっとした会話で断るときにも、相手を傷つけず、嫌な気持ちにさせない言い方をしたいものです。

「このお芝居見に行かない？」という誘いに対して「その日は予定が入っているから無理」と返すと、取りつく島もない言い方になってしまいます。

「ごめん！　その日はほかの予定が入っているの。残念だけど、また今度ね」という言い方ができれば、角が立ちません。

また、職場の同僚に「今日、ランチを一緒に食べない？」と誘われたときに、「今日はちょっと忙しいから無理！」と言った場合、人によっては「私は忙しいけど、あなたは暇なのね」と嫌みを言われているように感じる可能性があります。

これを「ごめん、急ぎの仕事がまだ終わらなくて！　また今度ね！」という言い方をすれば、「私の能力が足りないから、まだやりきることができないの。自分が未熟でごめんなさい」と自分に非があるようなニュアンスになり、嫌みに聞こえることもなくなります。このように、**自分に非があるような言い方で、相手を立てつつ断る**のもひとつのテクニックです。

そして最後に次につなげる言葉をひと言加えれば、「一緒にご飯を食べることが嫌なわけではない」というメッセージを伝えることができます。

自分の「力不足」を理由にする

相手の依頼を引き受けると会社が不利益をこうむってしまうなど、ビジネスにおいては、代案を立てずにはっきりと断らなければならない場面もあります。このときも、こちら側に非がある言い方をすると、相手を立てながら断ることができます。

ストレートに断るなら「この内容ではお引き受けできません」という表現になりますが、「この仕事はやりたくない」というニュアンスとともに受けとられ、失礼な対応ととられかねません。

「私どもでは力不足ですので、お引き受けするのがむずかしい状況です」

「お引き受けをして、かえってご迷惑をかけてもいけませんので」

このような伝え方をして、最後に、「ご要望にお応えできず、大変申し訳ございません」という言葉で結びます。これなら、あくまで**「断る側の問題」で、依頼が受けられないのだということになります。**

ただし、この「力不足」や「かえってご迷惑をかける」という表現は、社外の人への弁明の言葉なので、社内でつかうのは避けてください。やる気がないと受けとられてしまいます。間違っても自分の上司に頼みごとをされて「私では力不足です！」と言わないようにしましょう。

人間関係を積み重ねていくなかで、「断り方」はとても影響が大きいと思います。相手を気づかう断り方ができるかできないかは、好かれる人になれるかどうかの大きな分かれ道だと言えるでしょう。

次につながる断り方をする

NG

（ランチに誘われて）

「今日は忙しいから無理！」

言われた相手によっては、まるで暇にしている自分に対する嫌みのように感じてしまいます。たとえ親しい関係でも断るときには、お詫びと理由、代案を丁寧に伝えましょう。

OK

「ごめん！　仕事が終わらなくて。来週また誘ってね」

きちんと謝ってから、自分に非がある言い方で理由を伝え、次は一緒に行きたいという気持ちでフォローを加えると、相手も不快な気持ちにならず、次も気軽に誘いやすくなります。

06 ちょっとした会話で反論しない

日本人は、同調しあったり共感しあったりすることで会話をふくらませていくところがあります。しかし、相手の言ったことに無意味に反論をしている人も意外に多く、会話がぎこちなく途切れてしまう要因になっていることもあります。雑談程度の世間話なのに自分の考えと違うからといって、むやみに反論をしていませんか？

反論は相手への否定ととられやすい

「今日は暑いですよね」と話しかけた相手に対して「そう？　これくらいはどうってことないよ」と**正面から反論されると、これにつづく言葉は出にくい**ものです。相手は軽い気持ちで話しかけてきたのに、会話がつづかずにぎくしゃくした雰囲気になってしまいます。

これがアメリカなら、違いを会話で楽しむような文化があるため、「今日は暑いね」と言われて「これくらいどうってことないよ」と反論したとしても、「君、暑さに強いの？」と切り返して話がつづいていくことが多いかもしれません。しかし、日本でも同じように会話が広がるとは限りません。反論で返されると、相手は「暑いと言っている自分が変だ」と否定されたように受けとるかもしれません。

とくに歳の離れた相手であれば、反論の言葉を聞くと「私はあなたよりも若いし」という優越感を含むニュアンスを感じてしまう可能性があります。

否定せずに会話を広げる情報をプラスする

もちろん無理に同調することもありませんが、世間話はディベートではないのでむやみに反論しないほうがいいでしょう。

「暑いですね」と言われたら「夜のビールが楽しみになりますね」「クールビズになったから、今日はポロシャツを着てみたんですよ」と、**反論ではなく、具体的な新しい話題をプラスすると、話をつなげることができます。**

たとえば、「駅前に新しいイタリアンのお店ができて、評判みたいだよ」と言われて、あなたはすでにそのお店に行っていたとします。しかも、あまり美味しいとは感じませんでした。それをストレートに「このあいだ行ったけど、たいしたことなかったよ」と伝えると「そうだったんだ」で話が終わってしまいます。本人にとっては事実なので、その体験を相手に伝えることも大事かもしれませんが、ひとつの価値観でばっさりと切ってしまうと話は広がりません。

そういった場合は、「スパゲティはやわらかめかなと思ったけど、デザートのティラミスは人気があるみたい」といったように、会話が広がっていくような具体的な情報を出すほうがいいでしょう。

よく「会話はキャッチボール」だと言われますが、ボールの投げ方によって受けとめやすさが変わります。コントロールの悪い球を投げ返されると、その先につなげられなくなってしまいます。会話は、相手が投げ返しやすいような言葉を選んで返すことも大切なのです。

反論で会話の流れを切らない

NG

（「今日は暑いですね」と話しかけられて）
「これくらいはどうってことないよ」

暑いと思った相手の気持ちを否定するような言い方です。このように正面から反論されると、そこからは話をつなげるのもむずかしくなってしまいます。

OK

「夜のビールが楽しみになりますね」

相手の気持ちを受けとめたこの返し方なら、「じゃあ、今晩駅前にできた焼き鳥屋に行こうか？」などと相手も言葉をつなげやすく、質問しながら雑談をつづけていくことができます。

Column 1 モノの言い方を磨けば キャリアアップに直結

私が講師をしている話し方スクールの生徒のなかに、気の利いた言い方ができるようになったことでキャリアアップにつながった女性がいます。彼女は化粧品のセールスをしているのですが、飛躍のきっかけとなったのが職場での短いスピーチでした。彼女は営業成績が一位になったとき、営業部員の前でひと言スピーチをする機会を与えられ、「どんなことを言えば人の心をつかめますか？」と授業の後に質問をしてきました。

私もぜひ力になりたいと、一緒に知恵を絞りました。聞けば、営業で彼女がいつも心がけているのは、営業成績が反映される最後の1分前までお客様のところを回りつづけること。彼女は「最後のラストスパートが大事なんです」と言いました。そこで私は「競馬」にたとえることを提案し、「営業は競馬の第4コーナーを回って最後の直線で一気にスパートをかけられるかどうかがポイント」という内容のスピーチにしてみたのです。

これがほかの営業所の所長の目にとまり、「彼女の説明する力はすばらしい！」と絶賛されました。そこから研修担当に抜擢され、いまではなんと営業成績も東海地区のナンバーワン。東京から彼女のもとに取材が来るほどになっているそうです。「気の利いたことを言いたい」という強い気持ちから、貪欲に学んで力をつけていった彼女は、気の利いたひと言で職場や営業先など、まわりからの評価をどんどん高めていきました。

モノの言い方はキャリアアップに直結します。彼女は後日、「先生、すごい効果ですね！　次は所長を目指します！」とうれしそうに報告してくれました。

第2章

気持ちのすれ違いを生む言い方

07 気持ちを言葉にしないと「意図」は伝わらない

なにげなく言われた言葉に、「どういう意味なのだろう」と引っかかってしまうことはありませんか？　たとえば女性の性格や特徴を表現するとき、「姉御肌」「男まさり」「ハンサムウーマン」などたくさんの言い方があります。しかし、こうしたあいまいなイメージの言葉をつかうときには、プラスの意味かマイナスの意味かは相手によって受けとめ方が異なり誤解を与えやすいため、注意が必要です。

「ナイーブ」の意味はプラス？　マイナス？

私は以前、「渡辺さんって神経質な人なのかと思っていた」と言われたことがあります。語尾に「と思っていた」がついているので、実際には神経質だと相手から思われていないということになるのですが、私の頭のなかに強く残ったのは「神経質」という言葉のほうです。自分のなかにある「神経質」へのマイナスイメージに引っ張られて、「私のどういう部分を神経質と思って言っているのだろう」と考えてしまいました。

「そこまで気にすることではない」と言う人もいるかもしれませんが、なにげなく放ったひと言で、そんなふうに受けとってしまう人がいる、ということはぜひ知ってほしいと思います。

「姉御肌だね」と言われたら、「私って頼れるお姉さん的な存在なんだ」とほめ言葉として受けとる人もいれば、「えっ、私ってそんなに偉そう？　仕切っているように見える？」とマイナスの意味にとらえる人もいます。**同じ表現でもうれしいと感じる人もいれば、そうでない人もいるのです**。たとえば、「姉御肌でみんなの面倒見がいいから、この部署のなかでとても大切な存在だよ」と、ここまで言えれば、誤解は生まれないはずです。

「あなたってナイーブだよね」と伝えるなら、「ナイーブだから、つきあいにくい」のか、「そんなナイーブなところがいいと思う」のか。プラスの意味で伝えようとしているのなら、その気持ちまできちんと言葉にすることが大切です。

誤解を与えやすいのは、人の印象を形容する言葉だけではありません。

相手「渡辺さんって女きょうだいがいるんですか？」

私　「そうです」

相手「やっぱり！」

このやりとりでは、「私のどこを見て、〝やっぱり〟と言っているのだろう」と思わず勘繰りたくなってしまいます。とくに男性から言われたら、たとえ深い意味はなかったとしても、「男心がわからなさそうな人だと思われているのではないか」と、マイナスイメージにとらえてしまう人もいるかもしれません。

「ごきょうだいはいらっしゃるんですか？」「はい、姉がいます」というシンプルな会話であれば、何の憶測も生みませんが、「お姉さんがいるんじゃないですか？」と特定の勝手なイメージを伝えられることで、その言葉の裏にある相手の気持ちが気になってしまうのです。

せっかくプラスの意味で言っているのに、相手に誤解されてしまう。そんな「気持ちのすれ違い」が起こらないように、「**だからどう思っているのか**」**ということろまでを言葉にして、責任を持った伝え方をしてほしい**と思います。

理由を丁寧に説明して誤解を防ぐ

親しい間柄であっても、気持ちの部分を言葉にして説明をしないと意図が伝わらず、気持ちのすれ違いが起きてしまうこともあります。

たとえば夫婦間で、夫が「悪いけどちょっと一人にしてくれない？」と言ったとき、妻はどのように受けとめるでしょうか。ただ単に一人で考えたいことがあるのだろうと思うかもしれませんが、人によっては、自分の存在を否定されたように感じるかもしれません。あるいは、売り言葉に買い言葉で「じゃあ、この先ずっと一人でいればいいじゃない！」「ちょっと一人になりたいって言っているだけなのに、なんでそんなに悪いほうに考えるんだよ！」と、険悪な雰囲気になってしまうこともあるかもしれません。

この場合、「悪いけどちょっと一人にしてくれない？」と言うに至った、その前段階の気持ちが表現されていません。たとえば「いま、すごく集中して考えなきゃいけないことがあるから、悪いけど三〇分くらい一人でこの部屋で考えさせてくれないかな」と丁寧に説明していたらどうでしょうか。少なくとも言われた相手は、自分が否定されていると感じることはないはずです。

もともと日本語には二重、三重の意味を持つ言葉が多く、さまざまに解釈できる言い方をしてしまいがちです。表向きの意味だけではなく、ほかの意図が隠れている場合もあります。その意図を推測しようとすることで、誤解が生まれやすくなるのです。

しかも、言葉は十人いれば十通りの受けとめ方があります。繊細で言葉に対する感度が高い人もいれば、まったく気にしない人もいます。男性と女性の間でも受けとめ方には差がありますし、もちろん個人の性格の違いもあります。

言い方によっては、相手が自分では思ってもみなかった受けとめ方をする可能性もあります。**言葉による気持ちのすれ違いは起こるものだということをつねに意識して、それを埋めようと努力することが必要なのです。**

プラスのときは意図まで言い切る

NG

「あなたってナイーブだよね」

プラスの意味で言っているのか、マイナスの意味で言っているのかが正確に伝わりません。マイナスイメージを持っている相手には「傷つきやすそうってこと?」と誤解されてしまう可能性があります。

OK

「あなたのナイーブで繊細なところがいいなと思う」

「いいなと思う」と、自分の気持ちまで言葉で表現しているので、プラスの意味で言っていることが相手にもしっかりと伝わります。

08 「とりあえず」は相手を不安にさせる言い方

みなさんは普段なにげなく「とりあえず」という言葉をつかっていませんか？

「とりあえず駅で待ち合わせよう」「とりあえず週末は空けておいて」

この「とりあえず」という言葉には、どこか間に合わせのような意味が感じられ、言われた相手のモチベーションを下げたり、不安にさせたりすることがあります。

「とりあえず」と言わず、事情を説明する

そもそも、「とりあえず」という言葉には「ほかのことはさしおいて」「まず第一に」など最優先させるものだという意味があるのですが、いまはこのつかい方は少ないようです。

たとえば職場で「とりあえず、この資料をつくっておいて」と言われたら、どのよ

うに感じるでしょうか？「用意してもムダになってしまうのではないか」と不安な気持ちになる人も多いと思います。そして自分がつくった書類を上司に渡したときに「じゃあとりあえず、これ、預っておくから」と言われると、その書類がぞんざいに扱われているように感じるかもしれません。**「とりあえず」は、「間に合わせ」や「しょうがないから」など、どこか不完全なニュアンスで受けとめられやすい**のです。

なぜそのように感じるかというと、「とりあえず」という言葉には「見えない思惑」がセットになっていることが多いからではないかと思います。たとえば、「とりあえず、デザインのパターンをいくつか出してもらえる？」と言ったとき、本人の頭のなかには「プレゼン段階だから、取引先にはいくつかデザインのパターンを見せる必要がある」という考えがあります。つまり、デザインのパターンをつくることは仕事として必要な内容なのです。それなのに、理由を説明せずに、「とりあえず」でひとくくりにまとめてしまっています。説明するべきことをあいまいに表現することで、「本当に必要なものなのだろうか」と、余計な憶測を相手に抱かせてしまうのです。

「とりあえず」を絶対につかってはいけないということはありませんが、**何をもって「とりあえず」と言おうとしているのかを考え、具体的に相手に伝えることが大切です。**

自分の思惑は隠さずに伝える

私にも、この「とりあえず」と同じように、言葉の裏に自分の思惑を隠してしまった経験があります。息子に「今夜、夕食いる？」と聞いたとき、言葉にはしていませんが「私は今日帰りが遅いから、夕食をつくる時間がない。だからできれば息子には外で食べてきてほしい」という本音が隠れていたのです。

これを息子に言えば、「お母さんの帰りが遅いなら、外で食べてくるよ」と答えてくれるかもしれません。しかし、私はそんな都合を隠し、「今夜、夕食いる？」と彼の都合だけを聞こうとしました。相手をおもんぱかっているかのような言葉ですが、本当は自分の都合が隠れていることがあるのです。みなさんも思い当たるふしがあるのではないでしょうか？

本音の部分を言葉にせずに、**オブラートに包んだ言い方をするほど、自分の真意は相手に届きにくくなってしまいます。**「とりあえず」という言葉をつかうときにも、その裏には自分の都合やさまざまな事情が隠れています。相手が誤ったとらえ方をしてしまわないよう、こうした事情や意図は丁寧に説明するようにしましょう。

「とりあえず」の中身を説明する

NG

「とりあえず、デザイン案をいくつか出してもらえる？」

「もしかすると出してもムダになるんじゃないか」と、相手を不安にさせるかもしれません。デザインのパターンを出さなければならない理由を具体的に説明しましょう。

OK

「プレゼンでデザイン案を見せたいから、いくつかつくってもらえる？」

誤解を与えず、相手も素直に受けとめられる伝え方です。「とりあえず」が口癖になっている人は、その理由を具体的でストレートに伝えるように意識しましょう。

09 「すみません」ではなく「ありがとう」

日本に来た外国人が最初に覚える言葉は「すみません」だと言われています。「すみません」は「ありがとう」という意味にも、「ごめんなさい」という意味にもなる万能な言葉だからです。ところが、何でも「すみません」をつけている場合は「頼りない人」「無理の言える人」という印象を抱かせてしまいます。

「すみません」が口ぐせになっていませんか？

たとえばお店に入ったときに「すみません、どなたかいらっしゃいますか」というように、「すみません」は特別な意味合いがなくても枕詞のようにつかえます。**万能なために口ぐせのようになりやすい言葉**なのです。

人の会話を聞いているときも、謝るべきではない場面で「すみません」という言葉をつかっているシーンをよく見かけますし、私自身も頭ではいまはつかうべきシーンではないと理解していても、つい口にしてしまうときがあります。

たとえばオフィスでコピーをとっているとき、誰かが来て「ちょっと急ぎでコピーをとらせてほしいんだけど」と言われたら、「あっ、すみません！」と思わず言ってしまうようなことはありませんか？

ここで「すみません」と言ってしまうのは、「自分がいつまでもコピー機を占領していたから、私がいけなかった」とものごとを自分の問題としてとらえているからではないでしょうか。しかし、本人は悪いことはしていないし、相手も謝らせるつもりはないので、「なんでそこで謝るの？」と不思議に思われて、この人にだったらこれから多少無理を言っても許されるかもという気持ちにさせているかもしれません。

「ありがとう」につづけて相手をほめるひと言をプラス

優しい人や、相手への気づかいができる人ほど、ちょっとしたことで「すみません」と言うや「ごめんね」という言葉が出やすいものです。しかし、何でも「すみません」と言うのではなく、意味合いがはっきりしているときには、それを言葉にしてきちんと伝えるようにしたいものです。**とくに「ありがとう」という意味でつかうなら、そのまま「ありがとう」と言ったほうが、あなたへの好感度も高まるはず**です。

たとえばエレベーターを降りるとき、ドアの近くで「開」ボタンを押してくれている人には「すみません」ではなく「ありがとうございます」と言います。職場の同僚に「会議の出欠をまとめておきました」と言われたときであれば、相手に感謝をしているはずですから、「ありがとうございます」と感謝の意図を表現しましょう。さらに、「ありがとう。仕事が速いから助かるよ！」と**相手をほめるひと言を加えるとぐっと印象がよくなります**。

また、仕事以外でも、親戚から野菜を送ってもらったときなどに「わざわざすみません」と言うよりも、「ありがとうございます！　家族みんな○○さんの新鮮な野菜が大好きなんです。さっそく今晩のおかずにします」などと伝えたほうが、断然喜ばれるのではないでしょうか。

感謝の気持ちは心にとどめておいても伝わりません。昔気質の男性の「言わなくてもわかるだろう」というセオリーは現代では通じなくなっています。まわりの人たちへの感謝の気持ちを態度と言葉に出せることで、信頼関係ができていきます。

むやみに「すみません」をつかわない

NG

「すみません」

何に対しても「すみません」をつかっていると、頼りない印象を持たれてしまいます。相手が自分に何かをしてくれたときなど、感謝を伝えるべきシーンでは「ありがとう」と言いましょう。

OK

「ありがとうございます」

感謝の気持ちは、言葉できちんと伝えましょう。プラスαで、「いつも仕事が早くて助かります」など、相手を持ち上げるような言葉を伝えると、いっそううれしさが増すでしょう。

10

「○○さんが言ってたよ」という言葉で相手をほめる

「後輩たちが、あなたの仕事ぶりはすばらしいってほめていたよ」

「課長が、あなたに仕事を任せれば安心だって言っていたよ」

相手をほめる言葉は、このように「○○さんが言っていた」と、他人の言葉をそのまま伝えると、うれしさが倍増します。

第三者の意見は一〇〇%のほめ言葉になる

職場の同期や年齢の近い同性同士は、お互いにどこかライバル視をしている部分があるのではないでしょうか。ライバル関係になりやすい相手に対して「最近営業の調子がよさそうだね、うらやましいよ」とほめ言葉のつもりで言ったとしても、素直に受けとられない場合があります。

「うらやましい」という自分の感情を基準にした言い方には、本人にそんなつもりはなくても、その言葉のなかに「嫌み」「妬み」が含まれていると相手が誤解してしまう可能性があります。

とくにライバル関係となりやすい相手には注意が必要です。

では、どのように言えば気持ちが伝わるのでしょうか。

「○○さんが言っていた」と、他人が口にしていたほめ言葉をそのまま伝えて、自分の気持ちもそのなかに込めると、相手に余計な詮索をされることはありません。あなたの気持ちは一〇〇％のほめ言葉として受けとめられます。

たとえば上司から部下に向けて直接「君は最近、がんばっているね」と言うと、もちろん部下はうれしくなりますが、これを「取引先の○○課長が、君のことを『本当によくやってくれている』と言っていたよ」と第三者の言葉をそのまま伝えたとします。すると、相手は上司と取引先の課長の二人からほめられたような気がして、ダブルでうれしくなるのです。

プラスの評価は第三者目線をつかってぜひ積極的に伝えたいものです。

後輩のよいところはどんどん言葉にする

社員研修などで企業を訪問すると、昨今の新入社員はほめられることには慣れているけれど、「ダメ」を突きつけられることに慣れていないように感じます。ほめ言葉がないとモチベーションも上がってこないようなのです。

「飲みニケーション」がいまよりも活発だった時代は、飲みに行って腹を割って話すチャンスがいくらでもありました。普段自分を怒ってばかりの上司と一緒に飲むことで「あのときはきびしく言ったけど、本当は君に期待しているんだ」と本音の部分を聞くことができ、心の支えになることもありました。しかし、いまではそんな機会も減ってしまい、若手は仕事の現場で言われることがすべて上司や先輩の本音だと思っています。怒られると「自分はダメなんだ」と落ち込んで、会社を辞めてしまうこともありえます。

部下や後輩を持つ人はとくに、よいところを見つけてそれを言葉にしてどんどん伝えましょう。さらに取引先やお客様から、本人をほめるようなプラスの評価があれば、それをあますことなくきちんと伝えるようにしたいものです。

第三者の言葉を効果的につかう

NG

「最近、調子がよさそうで、うらやましいよ」

「うらやましい」は自分の気持ち、「調子がよさそう」は自分の主観です。こうしたほめ言葉は、本人にそんなつもりはなくても、相手からすると「嫌みで言っている？」と素直に受けとられない可能性も。

OK

「○○さんが『最近よくやってくれている』とほめてたよ」

あくまで自分は他人の評価を伝えているだけだというスタンスで第三者のほめ言葉をそのまま言うと、相手は「妬みなのでは？」と余計な詮索をせずに素直に受けとることができます。

11 ほめ言葉は相手に合わせて取捨選択する

ほめ言葉を逐一口に出して伝える努力は、よい人間関係をつくっていくうえでとても大切です。ほめ言葉を口にするときには、相手がどう受けとめるかを考えましょう。どんな言い方がより喜ばせることになるのか、自分の価値観だけで判断せずに、相手に合わせて言葉を取捨選択します。

中途半端なほめ言葉でリアクションに困らせない

話し方スクールの生徒とよく話題になるのが「**髪を切ったの？**」と言われたとき、ほめられたのかそうではないのか、どう判断していいかわからないということです。

中途半端なほめ方をすると、相手はリアクションに困ってしまうことがあります。

髪型が似合っていると思って言っているのであれば、「**髪を切ったの？　似合うね**」

というところまで言うようにしたいものです。

ほめるときの言葉は、人によって言い方を変えたほうがいい場合もあります。

たとえば、男性の服装をほめるときには、一般的には「かっこいいスーツですね」というよりも、「スーツがお似合いですね」と相手も含めてほめたほうが、うれしいだろうと考えます。

しかし、アパレルメーカーに勤めているなど、もともと着ているものにこだわりのあるおしゃれな人であれば、「スーツを選ぶ」ということ自体に強い思い入れがあるため、スーツそのものをほめられたほうが、うれしいと感じる人もいるかもしれません。

「ちょっと痩せたんじゃない?」という言い方も、「痩せたい」という願望がある人にとってはうれしいほめ言葉になるかもしれませんが、なかには「病的な感じがする」「痩せてみすぼらしくなった」と受けとめる人もいます。

ほめるポイントは相手の性格に合わせて考えるようにしたいものです。自分の価値観だけで判断しても、相手にとってはほめ言葉にならないばかりか、逆効果になってしまうこともあるのです。

職場では女性の容姿よりも仕事の中身をほめる

昨今の風潮を鑑みると、職場で男性が女性の容姿に関わることをほめるのは避けたほうがよいでしょう。それよりは仕事の内容をほめられたほうが、女性はうれしく感じるものなのです。

「仕事が早くて助かるよ」「僕が気づかないところをフォローしてくれて助かるよ」など、折にふれて仕事の中身をほめるようにしたいものです。

女性の外見をほめるようなことを言って相手も運良く「うれしい」と受けとめたとしても、それを聞いたまわりの人が「あの子ばかりほめるのよね」と、彼女も含めた人間関係に影響を与えてしまう可能性もあります。女性を束ねているような管理職の人はとくに注意が必要でしょう。

そしてこれはほめるときにも注意するときにも言えることですが、部下や後輩を指導する立場にあるなら、**ほめるべきこと・注意すべきことが十個見つかればそのうち何個を伝えれば成長につながるのか、相手の状況や気持ちを考えながら言葉の取捨選択をして、部下や後輩が育つための意味のある言葉を伝える努力が必要です。**

容姿より仕事ぶりをほめる

NG

「髪、切ったの？」

ほめ言葉なら「似合うね」というところまで言いましょう。ただし職場で男性から女性に向けて言うのはセクハラと受けとられてしまう可能性もあるため避けたほうがいいでしょう。

OK

「丁寧な仕事で助かるよ」

女性は容姿よりも仕事の中身をほめられたほうがうれしいと感じます。部下や後輩を持つ立場なら、どんな言葉でほめれば成長するかを考えながら、ほめ言葉の取捨選択をしましょう。

12 マイナス評価はアドバイスの言葉に換える

人づてに自分のマイナス評価を聞くのはショックが大きいものです。たとえば上司があなたのいないところで「彼に仕事を任せても、いいアイデアは出てこないだろう」と言っていたと聞くと、直接言われたときよりも傷つくのではないでしょうか。マイナスの評価は、相手を傷つける可能性が大きい言葉。言い方には注意が必要です。

第三者のマイナス評価をダイレクトに伝えない

第三者によるプラスの評価は、言われたときのうれしさが倍増します。しかし、マイナス評価は逆です。**人づてに聞くことで、それを自分に伝えてきた相手からも批判されているように感じ、何倍もつらくなってしまいます。**

私がテレビ朝日でアナウンサーをしていたときのことです。同期と飲みに行ったときに、「報道部の先輩が『渡辺由佳のニュースは、上品ぶってる感じがする』と言っていた」ということを聞いたのです。

同期は「僕はそんなふうには思わないけどね」とフォローしてくれたのですが、ショックが大きくそのの言葉は私の耳には入ってきませんでした。私へのマイナス評価は先輩一人の意見のはずですが、それが当時の報道部全員の意見のような気がしてきてしまい、しばらくは報道部に行くときも「誰が言ったんだろう」と疑心暗鬼になってしまいました。挙げ句の果てには「アナウンサーに向いてないんじゃないか」と自信をなくしてしまった時期もありました。他人のマイナス評価というのは、それくらいのダメージを与える可能性があるのです。

第三者からのマイナス評価はなぜこうも人を落ち込ませるのでしょうか。

それは、伝えた相手が少しも思っていないなら口にしないはずだ、という前提があるからではないかと思います。だから「私はそうは思わないけれど」と言われても、「本当に？」と疑ってしまう。しかも直接聞いているわけでもないので、いつの自分を見て言っているのかわからず、過去のすべてを否定されたように思ってしまうのです。

ときどきまわりの人の批判ばかりを口にする人がいますが、これだけ相手に与えるダメージが大きいので、**人から批判を聞いたからと言って本人にダイレクトに伝えるのは避けましょう。**

アドバイスの言葉に変換する

他人のマイナス評価にあなたも同意する場合、「自分はこう思うし、○○さんもこう言っていた」という伝え方をすると、相手をムダに傷つけるだけで建設的ではありません。たとえば取引先の担当者が「君の会社の○○くんは、仕事の反応が遅いよね」と言っているのを聞いた場合は、**未来に向けたアドバイスに変換**して発信するのがよいでしょう。

「取引先の○○さんは、こういう性格だから、メールの返信や電話の折り返しなんかのリアクションは早くしたほうがいいよ」

とくに落ち込みやすいタイプかなと思う相手にはこのように対処の仕方をアドバイスとして伝えましょう。

マイナス評価をアドバイスに変換する

NG

「取引先の○○さんに『仕事が遅い』って言われているよ」

第三者のマイナス評価を聞くと、目の前でそれを言っている相手もそう思っているように感じられ、二重にショックを受けるものです。アドバイスとして伝えたほうが建設的です。

OK

「取引先の○○さんの性格を考えると、メールの返信は早くしたほうがいいよ」

第三者のマイナス評価を聞いたなら、言葉そのままを相手に伝えるのではなく、どう対処すれば状況が改善するかまで考えたうえで、アドバイスの言葉として伝えましょう。

13

上から目線になる「結構です」に注意

言い方そのものは丁寧なのに、目上の人につかうと上から目線だと受けとられてしまう言葉があります。とくに「結構です」「～しましょう」「がんばってください」などは受けとめ方に幅のある言葉なので、相手の人となりや関係性をわきまえてつかうことが大切です。

YESの意味の「結構です」は「よろしくお願いします」に

私が教えている外国語学校の生徒から、よく質問を受けるのが「結構です」という言葉のとらえ方です。生徒は「YESなのかNOなのかわからない」と言うのですが、たしかにこの言葉は、肯定と否定のどちらの意味でもつかわれるため、あいまいで判断がむずかしいのかもしれません。しかも、肯定のときと否定のときでは上から目線の度合いが異なるので、注意が必要です。

「結構です」は丁寧語ですが、**肯定の意味でつかうと上から目線になってしまう**言葉です。私も「この内容でよろしいでしょうか」と言われたときには、「**はい、結構です**」**ではなく、**「**はい、よろしくお願いいたします**」**と返事をする**ように気をつけています。

一方、ショッピングで洋服を購入するときに「ご一緒にスカートはいかがですか？」「当店でカードをおつくりになりますか」と聞かれて断るときに、「結構です」とつかうのは自然です。もし言い方が強いかなと思う場合には、「また次の機会にお願いします」という言い方をすれば、やわらかくNOのニュアンスを伝えることができます。

「～しましょう」「がんばってください」も要注意

また、「～しましょう」という言い方は、日本語の場合は同等な仲間目線の言葉です。たとえば部下と上司で飲みに行ったあと、「部長、また飲みに行きましょう」と言うと、まるで友人や同僚に対する言葉づかいです。目上の人には「ぜひまたご一緒させてください」と相手を立てて言うのが正しいつかい方です。

「がんばってください」「期待しています」という言い方も、部下としてはふさわしい言い方ではありません。たとえば上司が北海道に転勤することになったときには、「北海道に行かれても、ますますのご活躍をお祈りしております」「こちらでできることがあれば、何でもおっしゃってください」「北海道に行くときには必ずご連絡いたします」といった言い方をしましょう。

なお、「期待しています」は、社内の人ではなく、一緒に仕事をしている人に対して「○○さんの企画、期待していますから」と伝えると、「うれしい」「よし、がんばろう」と受けとめる人と、プレッシャーを感じる人に分かれます。しっかりとした信頼関係があれば、モチベーションの上がるひと言になりますが、**初めて一緒に仕事をする相手には、「ちょっと重い……」と思われるかもしれません。**こうした言葉は口に出す前に、相手との関係性にふさわしい表現かどうかを考えてからつかいましょう。

上から目線の言い方をしない

NG

「（YESの意味で）結構です」

たとえばスーパーで「レジ袋はつけますか？」と聞かれて「結構です」と言って断るのは自然ですが、「打ち合わせはこの日でいいですか？」にYESの意味で言うと、上から目線になってしまいます。

OK

「はい、よろしくお願いします」

相手にYESの返事をするときには「結構です」とは言わずに、「よろしくお願いします」「お手数をおかけします」など、上から言っていると誤解されないように答えましょう。

14

「言葉が足りず失礼しました」は謝罪にならない

失礼なことを言ってしまい相手が気分を害したときに、謝罪のつもりで「言葉が足りず失礼しました」という言い方をする人がいます。ところがこれを言われると「あくまで言い方の問題だと思っているな、間違ったことをしたとは認めないのか」とさらに不快な気持ちにさせてしまう可能性があります。

「考えの足りないことを申し上げました」と正しく謝罪

「言葉が足りず失礼しました」という言葉をつかうと、**「私は間違っていない。ただ言い方がちょっと悪かっただけ」というニュアンスで相手にとられてしまいます。**

自分の想いが至らなかったことや熟慮が足りなかったことから、相手は気分を害しています。この場合は「**自分自身がダメだった**」**ということを、きちんと言葉で表現**

しなければ、相手にも伝わりません。「言葉が足りず失礼しました」では、謝罪になっていないのです。

「言葉が足りず失礼しました」は、「言うべきことを言いそびれた」ときや「誤解を生むような表現をしてしまった」ときにつかうのが正しい用法です。たとえば仕事のやり方を説明するときに、一〜十までを言うべきところを、一〜七までしか伝えていなくて、八〜十が抜け落ちていたとき、「言葉足らずで失礼しました」と言うのであれば、自然なつかい方です。

私の教え子に、大学の歯学部で助手として働いている人がいるのですが、あるとき上司に対して「私は○○だと思います」と意見をしている最中、だんだんと上司の顔色が変わってきたのだそうです。そのときにすかさず「考えの足りないことを申し上げて失礼しました」と言うと、上司の怒りがすっと収まったのがわかったそうです。

このように、相手の気持ちを害しているとわかったら、自分の意見を一度引っ込めることが大切です。そのシーンにふさわしいのは「**言葉が足りず失礼しました**」では**なく**「**不用意な発言をしてしまい申し訳ありません**」という言葉です。

「わざわざ」はつかわないほうが賢明

また、「わざわざ」というフレーズにも注意が必要です。

打ち合わせなどで、自分の会社に来てもらったときに「本日はわざわざお越しいただき、ありがとうございます」とお礼を言うことがあります。実はこれを聞くと、「来てくれなくてもいいのに」「電話で済ませてくれればいいのに」というようなニュアンスがあるように受けとってしまう人もいます。

「わざわざ」は言葉そのものに悪い意味があるわけではないのですが、自分を主語にしてつかうときに「私がわざわざやってあげたのに、あなたは何よ」と相手に嫌みを言うようなシチュエーションが多く、**マイナスのイメージが喚起されてしまう**のです。

純粋なお礼で言った気持ちを誤解して受けとられないようにするためには、この表現はなるべく避けるのが賢明です。

謝罪になっていない言葉をつかわない

NG

「言葉足らずで失礼しました」

この言い方が当てはまるのは、単なる説明不足や、言い方を間違えてしまったとき。自分の考えや行為に対して謝罪し、訂正する言い方としては十分ではありません。

OK

「考えが足りないことを申し上げて失礼しました」

相手が自分の不用意な発言によって気分を害しているなら、謝るべきポイントは「説明不足」ではなく「考えの足りないことを言った自分の行為」に対してです。謙虚な気持ちで謝罪しましょう。

Column 2 「ボキャブラリーノート」で語彙を増やそう

相手をほめるときやお詫びをするときに、自分のなかにボキャブラリーがたくさんあるほど、シーンに合った最適な言葉で表現ができます。語彙を増やすためにぜひ試していただきたいのが「ボキャブラリーノート」をつくることです。

最も勉強になるのは、経験豊富で教養がにじみ出ているような上司や先輩、また取引先やお客様の話し方です。どんな言い方をしているのか注意深く聞いて、「このシチュエーションでこんなふうに言うのか。すばらしい言い方だな」と思ったら、その言葉を、ぜひノートに書き留めてください。そして同じ場面になったら実際につかってみましょう。相手の反応がよければ、自分の語彙としてしっかりとインプットされるはずです。

また、活字から学ぶということもぜひ試していただきたいと思います。このとき、サラリーマン社会を舞台にした小説がおすすめです。自分と似た状況におかれている登場人物がどんな言い方をしているか、ぜひ注目してください。選び抜かれた言葉で表現されたすばらしい言い方が見つかるはずです。もちろん本書のような会話の本を読むことでもノウハウをダイレクトに学べます。

普段から「すばらしい言葉を集めよう」と自分のなかにアンテナを立ててノートに書き留めていくこと、そして「このシーンでの最高の言い方ってなんだろう」と自分のボキャブラリーノートに何度も問い合わせをすることがとても大切です。

第3章

角の立たない言い方で上手に伝える

15

間違いはダイレクトに指摘しない

自分の非をストレートに責められたとき、誰でも「そうは言っても……」と言い訳をしたくなるものです。人は誤りを指摘されてもなかなか素直に「そうですね、ごめんなさい」と認められません。指摘をする側が一歩下がって、相手を思いやる言い方をしていきましょう。

「ご確認いただけますか?」でオブラートに包む

誰でも「ダメ」「遅い」「間違っている」という言葉をぶつけられると、たとえ悪いのは一〇〇%自分だとわかっていても、なかなか素直に受けとめられないものです。**反省の気持ちよりも「そんなこと言われても」という言い訳の気持ちが心のなかに芽生えています。**ましてや追いつめられた心理状態になっていると「そんなこと言ったって、こんな無理な日程で頼んだそっちが悪いんじゃない！」と逆恨みをするような心境になることもありえます。

たとえば取引先の見積書の数字が間違っていたときに、どんな言い方で指摘しているでしょうか。

「こちらの数字が間違っていませんか？」と言った場合、「間違う」のひと言に責めるようなニュアンスを感じさせる可能性があります。

「こちらの数字を、いま一度ご確認いただけますか？」

こう言うと、結果的には「間違っていませんか？」と同じ意味ですが、**間違えた相手をダイレクトに責めることを回避する**ことができます。

あるいは、締切を過ぎてしまっているのに、納品されるべきものが届かないときに、ダイレクトに指摘するなら「締切、とっくに過ぎてるんですけど」と言いがちですが、そこをオブラートに包むとこのような言い方になります。

「大変だとは思いますが、進捗状況だけでもお聞かせいただけませんか？」

あえて「締切を過ぎている」と責めないことで、言われたほうも**相手の思いやりに**

応えて急がなければ、という気持ちになれるかもしれません。

相手が一〇〇%の力を出してがんばってくれるような言葉に変換するには、相手を思いやって一歩下がったところから言葉をかけることが大切です。

してほしくないことは言い方を工夫する

昔、トイレには「トイレはきれいにつかいましょう」と書かれた貼り紙がありましたが、最近は「きれいにおつかいいただき、ありがとうございます」という書き方に変わりました。

このような貼り紙があると「汚せないな」「乱雑につかえないな」という気持ちになります。これも、裏を返せば「きれいにつかってほしい」と言っているのですが、「汚さないでいてくれてありがとう」という感謝の気持ちで表現することによって、むやみに汚させないという効果を発揮していることになります。「**ありがとう**」**と先に言ってしまうことも、ストレートに責めない工夫の一例です。**

間違いは遠回しに指摘する

NG

「こちらの数字、間違っていませんか？」

たとえ間違っていることが確実だったとしても、ダイレクトに「間違う」という言葉をつかうことで責められているようなニュアンスを感じます。オブラートに包んで指摘をしましょう。

OK

「こちらの数字をいま一度、ご確認いただけますか？」

すでに間違いに気づいていたとしても、それをストレートに指摘せずに、「ご確認いただけますか？」と一歩下がったところから指摘をしています。相手はその思いやりに好感を持つでしょう。

16 「前にも言ったと思うけど」と言わない

説明するときに「先ほども申し上げましたように」「前にも言ったと思いますが」という言葉を挟む人がいます。この過去をほじくり返すような言い方は、どこか相手を見下したようなニュアンスを感じさせます。なるべくつかわないようにしましょう。

お客様を失う「先ほども説明しましたが」のひと言

以前、私が銀行にカードの手続きに行ったときに、担当の人から説明を聞いて「ちょっとわからないところがあったのですが、ここはどうなっていますか？」と質問をしたことがあります。すると、相手は「それはさっきも説明したんですけど」と言ったうえで質問部分の説明をはじめました。私はその言い方に「**ちゃんと説明をしたのに、あなたには聞き取る能力がないの？」と馬鹿にするようなニュアンス**を感じてしまいました。

「前にも言いましたが」という言葉は、お客様を失うひと言になりかねません。

お客様相手であれば、すでに説明をしたところでも、「わからなかった」と言われたら、「**ご説明が至らず大変失礼しました**」**と自分に非がある言い方**をしましょう。

たとえば、「いつまでに振り込んでほしい」という内容を繰り返して強調したいときにも、「先ほども申し上げましたように、お振込は～」と伝えると、「どうせ忘れるだろう」と責められているような気持ちになってしまうでしょう。

「繰り返しになって恐れ入りますが、○月○日までにお振込をいただけますようお願いできますでしょうか」と「何度も説明する私が悪い」と自分に非があるような言い方でお願い口調をつかって言えば、嫌みなく強調することができます。

過去をほじくり返すような言い方は部下や後輩を持つ人も気をつけたいものです。「この前にも指摘したと思うんだけど」と言われると、「指摘された箇所がどこだったか」ということよりも「改善されない人だ」と言われたように感じ、そちらのほうが頭に残ってしまいがちです。もちろんあまりに同じミスが多いなら前にも言っていることを指摘する必要がありますが、相手のタイプや言うタイミングに注意しながら、むやみに言わないようにしたほうがいいでしょう。

自分の基準がいつも正しいとは限らないと考える

こうした言い方をなぜしてしまうかというと、自分の基準を絶対的な価値のようにとらえているという背景があるからだと思います。**「前に説明した」という正当性を主張することばかりに気持ちが向いて、一歩引いて相手がどう受けとめるかを考えることができなくなっている**のではないでしょうか。

弁護士をしている私の姉が言うには、司法の世界ではたとえそれが真実であっても裁判官が「正しい」と認めないものは正しいことにはなりません。だから弁護士は証拠の収集、書面の提出、法廷での尋問など、すべての過程で、その正当性を裁判官に認めてもらえるよう全力を尽くすそうです。

伝え方が悪かったり、相手が誤解して「正しい」と受けとめることができなければ、いくら「自分が正しい」と思っていても、「絶対的に正しい」ことにはならないのです。

このように考えると、自分の価値観を中心とした言い方ではなく、相手が受けとめやすい言い方がどんなに大切かがわかってきます。

過去に指摘したことを強調しない

NG

「前にも注意したと思うけど」

後輩が過去の失敗を繰り返してしまったとき、あなたが過去に注意したかどうかはいま起きている事態を改善するものではありません。「自分の正当性」を主張したい気持ちがどこかにありませんか？

OK

「〇〇を改善するといいよ」

「前にも言ったよね」という気持ちは押し込めて、後輩の成長につながる言い方を考えましょう。お客様への説明を繰り返すときなら「ご説明が至らず失礼しました」と自分に非がある表現に。

17

相手のミスは「私も悪かった」というニュアンスに

相手のミスで問題が起きたとき、どんな発言をするかによって、その人の人格が浮き彫りになります。一〇〇%相手の責任にする言い方は避けるべきです。言い方ひとつで信頼を失うことになりかねません。

「お互いさま」の気持ちで向き合う

仕事上で問題が発覚して、相手が謝ってきたときに、どのように対峙するでしょうか。報告を受けたときの反応は、次のような二つのタイプに分かれます。

まずは、問題の核心がどこにあるか、どうすれば免れることができたかについて、過去を振り返って自己責任として考えられるタイプ。こうした考え方をする人は、「**私もあのときよく確認すればよかったです**」「**私のほうこそもっと早くに気づくべきで**

した」という言葉が出てきます。相手が謝っているということは、すでに自分のミスを自覚して反省もしているということ。謝罪を受けたらそれぞれの責任を確認したうえで、「もう一度、やり直そう」という気持ちを伝えることができます。

一方、相手だけを責めて「あなたがあのときにこうしてくれていれば」という言い方をするタイプもいます。そのようなタイプの人は、多少なりとも自分のほうに確認不足などがあったのではないかということに思い至りません。

しかし、これを言ってしまった瞬間に、その人からの信頼が失われることになります。すると「もう二度と一緒に仕事をしたくない」と相手に思われてしまうでしょう。信頼をなくすのはあっという間ですが、取り戻すためには、その何十倍もの努力が必要です。

「私も悪かった」のひと言が絆を深める

起きてしまったことを一〇〇％相手の責任にはせずに、自分に足りなかった部分を反省したうえで、「だけど、あなたは〇〇の部分ではこうしたほうがいい」という指摘をすると、受けとめ方は一八〇度変わります。失敗を素直に反省し、成長の糧にすることができるのではないでしょうか。「この人についていきたい」という気持ちになり、信頼感が増していきます。

これは夫婦間や恋人間でも同じです。お互いが責任をなすりつけ合うように「お前があのときハッキリ言わないからだろ」「なによ、私はあなたがわかっていると思っていたから」と言い合うようでは、どんどん二人の間の溝が深くなってしまいます。「私も悪かったよね」「いや、俺もちゃんとしなかったから悪かった」と言い合える二人は、何か問題が起きてもさらに絆を深めていくことができるはずです。

相手に全責任を押しつけない

NG

「君があのときこうしてくれていれば」

ビジネスでもプライベートでも問題が起きたときに相手ばかりを責めて、自分の責任については一切考えない姿勢では、信頼を失ってしまいかねません。

OK

「私もあのときよく確認しておけばよかった」

この発言ができるのは、たとえ自分のミスではなくても、自分に足りない部分を反省し、今後の改善につなげられる人。まわりからも「ついていきたい」「これからも一緒にいたい」と思われます。

18

NOの結論は他人のせいにしない

他社からの提案や依頼を受けたとき、自分が担当者として会社が下した結論を伝える場面があります。このとき「上司がダメだと言うので、今回はお引き受けすることができません」という言い方は、まるで、「お母さんがダメだって言うから、今日は遊べない」というような小さな子どもの言い方と同じで稚拙な印象を与えます。NOの結論に「私」をどう関わらせるかをよく考える必要があります。

「上司がダメだと言うので」は稚拙

「上司がダメだと言うので」と他人に責任を負わせる断り方は、**まるでその仕事は自分にまったく関係がないような言い方**に聞こえます。そうすると相手は「あなたはなんのためにいるの？」「それなら、あなたの上司と直接話したほうがいい」と思われかねません。

これが、「**上司の承認が得られなかった私の力不足で**」と言うと、同じＮＯの結論でも、その人がどれだけその仕事に責任を持って取り組んでいるかが伝わってきます。

ただし、会社の意思と自分の結論が異なっているときに、「私」を出すことでかえって自分の印象を悪くしてしまうことがあります。

たとえば企画を通すときにも、社内の企画会議で却下されたときに、企画を出した相手に対して「私はぜひやったほうがいいと思うんだけれど、会社がどうしても」と言ったとします。相手にとっては断られたという結論は変わりません。「私はやってあげたかったんだけど会社がダメっていうから私は悪くない」と無責任な印象を受けてしまいます。「だったらそれを私ではなくてそちらの会議で言ってよ」と思われてしまうこともあるでしょう。

これを丁寧に言うなら、「私としては、ぜひこの案件を通したいと思っていたのですが、○○の事情で今回は見送らざるを得ない状況です」という伝え方になりますが、それでも**断られた相手にとっては**「**あなたの意思は関係ない**」のです。

自分も仕事に責任を負っていることを形として表現したほうがよいときと、あえてしないほうがよいときがあることを覚えておきましょう。

■NOの結論には、フォローを忘れない

NOの結論を伝えるときに大切なのは、「会社としてはどういう条件なら受けられるのか」というところまで話を詰めてから相手に伝えること。そこまでしておけば、たとえ結論を下したのは上司でも、あなたが仕事に関わる意味が出てきます。折り合いをつけてうまく話が通るようにすることも間に入った人の責任です。

そして、断るときには、次回につながるような言い方でフォローをすることが大切です。

「今回は見送らせていただきますが、ぜひ次回のお仕事ではご一緒したいです」などと相手をおもんぱかる、誠意あるひと言が次の仕事のチャンスを生み出します。

自分の関わり方を見極める

NG

「（私は受けたいのですが、）上司がダメだと言うので」

依頼が断られたという結論は変わりません。無責任に自分を関わらせると「だったら社内でそう説得してよ」「上司と直接話をさせて」と断られた相手は思ってしまいます。

OK

「受けられるのは○○の条件となります。ぜひ次回のお仕事では～」

担当者として、相手に提供できる情報を提示し、さらに次回につながるフォローを入れておくと、好感度があがります。あなたに対して「仕事のできる人」という印象を持つでしょう。

19 反対意見は「いかがでしょうか？」でやわらげる

欧米のビジネスシーンでは、会議やミーティングで、「ＹＥＳ」と「ＮＯ」の意見を戦わせるのは自然なことです。ところが日本では真正面から反対意見を言ってしまうと、感情的になりやすく、相手の人間性まで否定しているように思われてしまうことがあります。反対意見を言うときには、「いかがでしょうか？」をつけて提案型にすることで、検討してもらいやすくなります。

全否定せずに相手の意見も尊重する

相手と違う意見を通したいとき、まず頭から否定しないことが大切です。「どう考えても、こちらのほうがよいと思います」「ここは○○を選ぶべきでしょう」というような言い方をしてしまうと、相手も聞く耳を持たなくなってしまいます。

まず相手の提案を否定してから意見を戦わせるのではなく、**相手の提案のなかからよいところを見つけ、尊重していることを伝えます。**「この部分はよいと思いますが、別の視点から見ると、こういった考え方もできますね」と、別の提案を相手に投げてみましょう。

そして**語尾には「いかがでしょうか？」というフレーズをつけ加える**こともポイントです。

「いまのご提案は○○の点ですばらしいと思います。一方で、コストパフォーマンスを考えると、こちらのやり方もあると思うのですが、いかがでしょうか？」

相手は意見のすべてを否定されたのでなく一部は認められているので、新しい提案のほうがよいと判断すれば、**素直に自分の案を下げやすくなります。**相手を尊重しながら問いかけることがポイントです。

相手を頭から否定しないで、よいところはお互いに認め合って、最終的に一番よいものを選んでいくという方法が、日本に合った会議の進め方のように思います。「相手を立てる」という日本ならではの文化と言えるでしょう。

上司に「いかがでしょうか？」で判断を仰ぐ

この「いかがでしょうか？」は、ビジネスパーソンの強い味方とも言える言葉です。上司への報告があるときに、語尾につけると、**上司を立てている姿勢を示す**ことができます。

たとえば「〇〇社からこういう提案をもらってきたのですが」で止めてしまうと、「それは君の判断することじゃないだろう、ダメだよ」と上司は検討する前に頭ごなしに却下してしまう可能性があります。「取引先からこんな提案をもらってきましたが、いかがでしょうか？」と上司に判断を仰ぐのです。

また、経過を報告するときにも「この案件はこういう方向で進めようと考えておりますが、いかがでしょうか？」と言って「じゃあそれで進めて」と上司が指示をしていれば、責任は上司が持つことになります。もしも「その程度のことは自分で決めて」と言われて、動き出したあとに何かが起きたとしても「私の裁量に任せていただいたので、やってみました」と言うことができ、自分の身を守ることになります。

相手を立てながら反論する

NG

「どう考えても、こちらのほうがいいと思うのですが」

議論をするときに、相手の意見を一〇〇％否定して自分の意見を強引に通そうとすると、相手もムッとして冷静な判断ができなくなります。自分の意見を引っ込めにくくなって会議も進展しません。

OK

「〇〇を考えると、このやり方もあると思うのですが、いかがでしょうか？」

相手の意見を尊重したうえで、「別の見方をするとこうした考え方もある」と提案型にした言い方です。自分が反論されている印象が弱まり、冷静に検討しやすくなります。

20 「してください」でお願いしない

ある雑誌がとったアンケートで、上司が部下に言われたくない言葉のトップ5に入っていたのが「ください」という言葉でした。自分の都合を優先させて、誰にでも「～してください」という言い方をしていないでしょうか。お願いは、相手の気持ちや立場を尊重する言い方をしたいものです。

「～していただけますか？」で相手を尊重する

「ください」という表現は、お客様にも上司にもなるべくつかわずにいたい言葉です。本来は丁寧語に分類され、相手を尊重している言葉ですが、「コピーを手伝ってください」「この資料、明日までに目を通しておいてください」と言うと、**相手には選択の余地がまったくありません。**

軽い命令の意図を含んだ言い方でもあるため、部下から言われつづければ「命令をされているような気持ちになって不愉快だ」と感じる上司がいても不思議ではありません。

私が以前行ったエステサロンでは、スタッフがお客様にお願いをするときに「くださいませ」をつかっていました。「ください」よりも丁寧な印象があると思うのかもしれませんが、「お客様、○○してくださいませ」と言われつづけると、やはり命令されているようで、リラックスしに行ったのに、なんだか疲れてしまいました。

「ください」は次のように言い換えると、命令のニュアンスを弱めることができます。

・「～していただけますか？」

語尾を疑問形にするだけで、相手の意思を尊重する言い方となります。

・「～をお願いします」

アメリカの心理学者、トーマス・ゴードン氏によると、「あなたは○○するべきだ」という〝ユーメッセージ〟よりも、「私は○○してほしい」と〝アイメッセージ〟で伝えたほうが、相手の心に伝わりやすい言い方になります。

「お願いします」も、「私」が主語となるので、命令の印象が弱まり、聞き入れてもらいやすくなるのです。

親しい相手にも「悪いけど、〜してもらえる？」と言う

こうした相手を気づかう言い方は、目上の人だけでなく同僚や家族など、心の距離の近い相手にもつかいたいものです。

たとえば急な仕事を後輩にお願いするときには、「ちょっとこの仕事手伝って」ではなく「急で悪いんだけど、あなたが頼りなのよ。だから、この仕事をお願いできないかな？」と申し訳ない気持ちを込めて伝えれば、相手はほかの仕事を抱えていたとしても気持ちよく仕事を手伝ってくれるはずです。

夫に洗濯物を取り込んでもらいたいときにも、「今日、洗濯物を取り込んでおいて」と言うよりは、「悪いんだけど、今日は私、帰りが遅くなっちゃうから洗濯物を取り込んでおいてもらえるかな？」と言ったほうが気持ちよく動いてもらえるのではないでしょうか。

期限つきのお願いは、目標設定をやわらげる

「これはいつまでにやってほしい」と、期限の決まっているお願いをすることがあります。

とくに社外の人に対しての依頼はメールで送ることも多いと思いますが、メールは何度も読み返すものなので、相手に選択の余地を与える書き方をすることが大切です。

「○月○日まで」という日付に対して、**「頃」「〜をめどに」などをつけ、期限の設定をやわらげる言葉**を入れましょう。

たとえば締切が八日までだったとすると、期限を「六日頃」と伝えます。

「大変お手数で申し訳ないのですが、六日頃までにご返送いただきたいと思うのですが、お願いできますでしょうか？」と伝えれば、やわらかい印象を保ちながら、期限どおりに仕事が進む確率が高まります。

また、**どうしても締切を守ってほしい事情があるときには、期日を伝えるときにその事情も併せて伝えましょう。**「取引先に、本日中にこの件についてのお返事をすると伝えておりますので、恐れ入りますが、午前中にご確認いただけますか？」と言え

ば、「取引先との関係で午前中までにやらなければいけないんだな」と、抵抗なく受け入れてもらえるはずです。**理由を丁寧に伝えるだけでも、コミュニケーションのすれ違いがなくなり、受けとめ方も大きく変わります。**そして語尾は「あなたが頼りだ」という気持ちを込めて、相手に選択肢を与えるために疑問形にしましょう。

なお、お願いをするときには、「**お手数ですが**」「**急で申し訳ないのですが**」**といった、「クッション言葉」をセットにすると、より感じのよい言い方に**なります。

相手が忙しそうにしているときにお願いするのであれば「お忙しいところ申し訳ありませんが」、相手に余裕があるときでかまわないことなら「お手すきのときにでも」というように、相手の状況やお願いごとの緊急度に合わせて表現を選びましょう。

注意したいのは、それを言うに至った事情を省いて、してほしいことだけを伝えると、誤解や気持ちのすれ違いが起きやすいということ。これはお願いをするとき以外でも同じことが言えます。事情の説明を丁寧に添えるということがポイントです。

聞き入れられやすいお願い

NG

「午前中に確認してください」

相手にしてもらいたいことを「～してください」という言い方でお願いすると、軽い命令の意図を感じさせます。とくに目上の相手に対してはつかわないようにしましょう。

OK

「急で恐れ入りますが、本日中に返事をするので、午前中に確認していただけますか？」

お願いをしなければならない理由も添えた、丁寧な言い方です。相手も「そういう事情なら」と素直に受けやすくなります。

21 してほしいことは、前向き・具体的に

相手に対して要望があるのに言い出せず、不満をため込んで最終的に「どうしていつも○○してくれないの？」と相手を否定するような言い方をする人がいます。こんな言い方をすると、二人の関係に亀裂が入ってしまうことがあります。相手にしてほしいことは前向きに、具体的な話として伝えましょう。

「どうしてあなたはいつも」と責めない

家事が苦手な男性と結婚した女性の多くが抱えている悩みは、夫が家事をしてくれないこと。でも、夫は妻が不満をためていることに気づかずに「家事が好きなんだろうな」と勘違いをして、なんの負い目を感じることなく過ごしています。

あるとき妻の不満がたまりにたまり、「どうしてあなたはいつも家事を手伝ってく

れないの？」と感情を爆発させたらどうなるでしょうか。夫にはまるで悪気はなかったのですから、売り言葉に買い言葉でケンカになってしまう可能性もあります。**伝えたいのは「家事をしてほしい」というたったひとつのことなのに、「どうしてあなたはいつも」というと、全人格を否定するような言い方になっています。**

相手にわかってもらうためには、この言葉を口にする前の段階を丁寧に言葉にする必要があります。家事をしなかった夫の過去を責めるのではなく、未来志向で具体的にお願いをしたほうが建設的です。

「掃除と洗濯をしなきゃいけないんだけど、時間がなくて両方できないの。私は洗濯をするから、掃除機をかけてくれる？」と頼めば、多くの男性は「嫌だ」とは言わないはずです。**やってほしいことを端的に伝えることが大切なのです。**

後輩への注意は理由を添えて具体的に

感情を挟まずに未来志向で具体的に説明をすることは、ビジネスシーンで後輩や部下に注意をするときにも意識しましょう。

感情のまま怒りにまかせて「なんであなたは自分の仕事しかしないの？」「もっと

気を利かせて働いて」と漠然とした言い方をしても、なかなか改善されないでしょう。
「これはあなたの仕事だからね」と前向きな言い方をすることが大切です。

たとえばいつもメールの返事をしない後輩には「なんでいつもメールの返事をくれないの？」と言いたいところですが、この言い方は「私はあなたの仕事のやり方が納得いかない」「あなたと一緒に仕事したくないのよ」というきついニュアンスを感じさせてしまいます。なかには「先輩がうるさいのは、私のことを嫌いだからだ」と間違った方向に解釈してしまう人も出てくるかもしれません。

まず、仕事上のコミュニケーションのルールとして、依頼を受けたら、「受けました」と意思表示をしなければいけないということを教えることが必要です。
「メールの返事がないと、確認できているかどうか不安だから、必ず返事をちょうだいね」と伝えれば、**なぜそれが必要なのか、そして、未来に向かって何をすればいいかがわかる**はずです。

感情にまかせて責めない

NG

「どうして掃除をしてくれないの？」

それまで自分に非があると思っていない相手にとっては、突然自分を否定されたような言い方です。感情的に言うと、「もう一緒にいたくない」と言われているようなきつい印象になります。

OK

「私は洗濯をするから、あなたは掃除をしてくれる？」

してほしいことを具体的に伝える言い方です。とくに家事であれば相手にすべてをまかせているわけではなく、「自分はこれをするから」と言えば、相手も納得しやすくなります。

Column

3 電車で席を譲るときは否定形＋疑問形で聞く

電車で席を譲るときには、いろいろ気をつかうものです。

親切心で「どうぞおかけください」と言ったものの、「あなたは見るからに年寄りだから座るべきだ」と言っているように思われないかと気をもんだり、「まだそんな歳じゃない」と気を悪くされないかと声をかけるのをためらったり、あるいは声をかけても「大丈夫だから」と断られてしまった経験をした人もいるでしょう。

席を譲るときにもさまざまな言い方があります。無言で立ちあがり席を空ける人もいれば、「どうぞ」とだけ言う人もいます。私の場合は「もしよろしければ、おかけになりませんか？」という言い方で席を譲るようにしています。

相手に強要せずに何かを提案したいときは、語尾を「否定形＋疑問形」にすると、より丁寧な印象となります。あくまでも選択権は相手にあり、私はあなたの希望に沿いますよ、という意思を伝えることのできる言い方です。

電車で席を譲るとき以外でも、たとえば旅行会社でお客様にパンフレットを見せるときに「もっとくわしい資料がございますが、もしよろしければご覧になりませんか？」という言い方をすると、相手の意思を尊重する提案となります。明確な頼みごとであれば「こちらの資料に目を通していただけますか？」と言いますが、「〜しませんか？」なら、「お見せするもしないも、あなたの意思次第です」と押しつける印象がなくなります。

必要度が低いときや、相手の意思を尊重しなければいけないシチュエーションでぜひつかってみてください。

第4章

つたない言葉づかいをしない

22 若者言葉に気をつける

ツイッターやライン上では短いセンテンスでの会話が成立しています。こうしたコミュニケーションに慣れている若い人たちは、目上の相手にも同じような軽い表現で受け答えをしているように見受けられます。しかし、それらはビジネスの場にふさわしくありません。とくに「ですよね」「～するんすか?」といった省略した言い方は、つかっていい場所とつかわないほうがいい場所をしっかりと区別しましょう。

目上の人に「ですよね」はNG

相手に何かを言われたときの「ですよね」という言葉は、「はい、そうですよね」が省略された言い方です。対等な関係性であればこうした軽い表現で返してもいいのかもしれませんが、あきらかに上下関係のある相手に対しては避けるべきでしょう。

たとえば上司から、「君はこうしたほうがいいよ」とアドバイスを受けたときに、「ですよね」と返すと、**「自分でもそれくらいわかっていたよ」と言っているようなニュアンスが感じられます。**上司は自分が同等に扱われていて、しかもせっかくのアドバイスが軽くみられているようで、不愉快に感じるでしょう。

アドバイスを受けたのなら、「ありがとうございます」とまず感謝の気持ちを伝えて「次回からおっしゃるとおりにいたします」と言えば、真摯にアドバイスを受けとめたことが相手にも伝わります。

ほかにも、「〜するんですか？」を省略した「〜するんすか？」や「食べれますよね」という「ら抜き言葉」が抜けない人もいます。「めっちゃ」「超」「すごい」といった言い方を連発するのも、プライベートでは許されたとしても、上司の前や取引先の前でつかうとあきれられてしまいます。

どんな言葉をつかうかは教養のバロメーターです。たったひと言でも教養がにじみ出るものです。そして、どんな言葉の表現の引き出しを持っているかをチェックして相手の能力を推し測っているところがあります。若者言葉が出ると印象も一気に変わってしまうので注意したいものです。

「大丈夫です」を多用しない

また、「大丈夫」もよくつかわれる言葉ですが、ビジネスで目上の相手に対しては、きちんとしたセンテンスで答えるようにしましょう。

たとえば面接の場で、「弊社は○○の環境だけど、君は大丈夫?」と聞かれたときに、言われたまま「大丈夫です、大丈夫です」と答えると、**いかにもボキャブラリーに乏しい印象を与えてしまいます。**

この場合は、「はい、私は○○の経験がありますので、どんな環境でも対応していけると思います」ときちんとしたセンテンスで答えたほうが、印象がずっとよくなります。

短いひと言にも、どれだけ相手を敬っているかが表われます。つたない言葉をつかうリスクを見極め、誤解されず、また敬意がきちんと伝わる表現を選びましょう。

敬意の伝わる受け答えをする

NG

（アドバイスをもらったときに）

「ですよね」

「そんなことこちらもわかっていたよ」というニュアンスを感じさせる言い方です。なお、相づちを打つときに「なるほどですね」と言う人もいますが、文法的にも間違ったつかい方です。

OK

「次回からおっしゃるとおりにいたします」

まずアドバイスをしてくれたことに「ありがとうございます」と受けてから、その意見を取り入れてみるという前向きな姿勢を伝えると、相手も「素直だな」と好感を持つでしょう。

23 ビジネスは「すみません」より「申し訳ございません」

私が企業で新人研修を担当するときに、必ず教えることが、取引先やお客様に対しては「ごめんなさい」と「すみません」はNGワードだということです。社会人になれば、学生時代につかうような軽い言葉でお詫びをするのではなく、「申し訳ございません」と言わなければなりません。ビジネスシーンでは、大人のボキャブラリーをつかわなければ、取引先やお客様をなくしてしまいます。

「すみません」が許されるのは社内まで

ミスは誰にでも起きてしまうものです。大切なのは、そのときにどんな言葉でお詫びの気持ちを表現するか。それがそのまま仕事に対する姿勢を表わします。言い方ひとつで信用を一瞬にしてなくしてしまう可能性があるため、誠心誠意を言葉にしてお詫びすることが必要な場面です。

「すみません」は社内ではまだ許されることもありますが、**取引先やお客様に対してつかうと相手を軽くみているような印象を与えてしまいます。**たとえば取引先に「すみません！　私、うっかりしていました」と言うと、「この場面では、うっかりしてミスなんてしちゃいけないんだよ」「ほんとに反省している？」と思われてしまいます。

さらに、「すみません」のあとに「忘れていました」「見落としてしまいました」といった言葉をつづけると、「この仕事はそのくらい君にとっては軽いことだったのか」と相手に誤解を与えてしまいます。このとき頭に「すっかり」をつけて「すっかり忘れていました」などと言おうものなら、仕事を軽んじていたことを自ら宣言しているようなものです。相手にとっては「仕事への真剣味が足りない」＝「信用できない」ということになります。

「**申し訳ございません。失念しておりました**」「**私の確認不足でした。申し訳ございません**」といった言葉をつかい丁寧に頭を下げ、心を込めてお詫びをしましょう。

心からのお詫びにはボディランゲージをつける

大きなミスをしてしまったときには、「本当にお詫びの言葉もございません。申し訳ありませんでした」と言って、**深々と頭を下げつづける。**こうしたボディランゲージも大切です。「二度とこのようなことが起こりませんよう、細心の注意を払って今後は仕事に取り組んでまいります」と、今後の決意表明を加えます。さらにお詫びの言葉に加えて代案を提示するなどでフォローし、これからも関係をつづけたいという姿勢を表わします。

そして、謝罪を一度きりにしないことも大切です。**次に会ったときに「先日は大変なご迷惑をおかけして申し訳ございませんでした」と再度お詫びをしてから仕事に入りましょう。**相手はこちらがお詫びの気持ちを残して仕事をしているかどうかで、こちらの仕事に対する姿勢を推し量っているものです。

お詫びはどんなに多くの言葉を並べ立てても、こうした行動がともなわなければ気持ちは相手に伝わらないのです。

お詫びは誠心誠意の気持ちを表す

NG

「すみません、私がうっかりしていました」

学生時代につかっていたような軽い言葉はビジネスシーンには通用しません。反省の色が見えない言い方で、取引先を失ってしまいかねません。

OK

「私の確認不足でした。申し訳ございません」

大きなミスであれば深々と頭を下げるなどの動作も大切。かしこまった場面では「私の不徳のいたすところです」「ご容赦いただけますよう、伏してお願い申し上げます」などという言い方もあります。

24 「ちょっと困ったことになりまして」は相手を身構えさせる

仕事をしていると、判断に迷って上司にアドバイスをもらいたいと思う場面があります。そんなとき、どんな言葉で切り出しているでしょうか。第一声で「課長、ちょっと困ったことがありまして」と言ってしまうと、相手を身構えさせてしまいます。

相手が話をしやすくなるような言い方を心がけましょう。

上司が聞く耳を持つ「お知恵を拝借したい」

相手を警戒させる言い方のひとつが「ちょっと困ったことがありまして」という声のかけ方です。本人は自分を中心に考えていて、「困ったこと」とは自分の状況を指していています。ところが、上司の頭のなかでは「ちょっと困ったこと」＝仕事。「仕事上で何かトラブルが発生したんじゃないか」と身構えてしまいます。

これを「少々、ご相談したいことがございまして」と言い換えると、少し警戒心は薄まるでしょう。さらに**上司の胸襟を開くなら、「課長のお知恵を拝借したいことがあるのですが」**と言います。上司はあなたが自分を頼ってくれることを感じ、「そうかそうか！」と一〇〇％ウェルカムな姿勢になるでしょう。

「課長！　実はあの案件で担当者があまり乗り気じゃなくなってきて」といった報告も、話を受けた上司は内心「面倒だな」と思うかもしれません。「実はお知恵を拝借したいことがあるのですが」と頭につければ、上司も聞く耳を持ってくれるはずです。

ビジネスシーンでは、報告・連絡・相談の「ホウ・レン・ソウ」が大事だとよく言われます。しかし、声かけを失敗して上司の顔色が変わった経験を一度でもしてしまうと、だんだんこの報告・連絡・相談に苦手意識が出て、コミュニケーションがうまくいかなくなってしまいます。

上司に機嫌よく話を聞いてもらえるような声のかけ方ができれば、より話しやすい関係を築くことができます。そのための大前提は、上司への尊敬の気持ちを持っていることと、上司の経験から学ぶ姿勢を持っていること。それが「お知恵を拝借したい」という表現につながるのです。

大人のボキャブラリーが人間関係をスムーズにする

たとえばお客様に何かをお願いするときに、「○○をお願いできますか？」とストレートに言うのではなく、**「お力添えをいただきたいことがございまして」**を頭につけて言うと印象は大きく変わります。紹介してもらいたい人がいるときも「○○さんのことをご紹介いただけないでしょうか」ではなく、**「○○さんにお引き合わせ願えませんでしょうか」**と言うと、ワンランク上の「できる人」という印象を与えられます。

こうした大人のボキャブラリーを身につけていると、人間関係をスムーズにするのにおおいに役立ちます。

言葉はつかう人の教養や姿勢を表わします。相手は「こんな言い方ができる人ならあの人に紹介をしてもきちんと振る舞ってくれそうだ」と信頼が増すはずです。

その場その場にふさわしい言葉をつかえるということは、相手を尊重することにもなり、ひいては自分への信頼を高めることにもつながるのです。

上司が話を聞こうと思う声かけ

NG

「ちょっと困ったことになりまして」

仕事上でトラブルが起きているのかと、相手を身構えさせてしまう言い方です。状況を自分で解決しようとしているという意志も感じられず、思わず「あとにして」と言いたくなってしまうでしょう。

OK

「少々お知恵を拝借したいことがあるのですが」

相手への敬意が感じられ、「尊敬するあなたの意見をうかがって、自分で解決します」という意志が感じられる言い方です。最初の声かけがうまくいけばコミュニケーションもとりやすくなります。

25

相手を立てるボキャブラリーを持つ

「ほかならぬ、○○さんのご依頼であれば喜んでお引き受けします」

「エクセルだったら○○さんの右に出る人はいないよね」

こうした相手を立てるボキャブラリーを持っていると、社外の人と信頼関係を築くうえで役立ったり、部下のやる気を引き出すうえで、大きな武器となったりします。

特別感のある「ほかならぬ○○さん」

つきあいのある取引先とは、よい関係を築きたいものです。お互いの気持ちの距離は、依頼を引き受けるときの言い方でも変わってきます。たとえば会社としては引き受けづらい仕事だけれど、「相手が相手だから引き受けなければならない」という状況では、次のどちらの言い方が適切でしょうか。

A「○○さんの頼みなら断れないですね」

B「ほかならぬ○○さんのご依頼であれば、喜んでお引き受けいたします」

Aはありがちな言い方ですが、「あなただから、しょうがないからやってあげる」という恩着せがましさを感じさせている可能性があります。結局仕事を引き受けるのであれば、Bのように「自分のことを大切に思ってくれているんだな」「特別扱いをしてくれているんだな」と相手の気分を高める言い方をしたほうがいいでしょう。「ほかならぬ○○さん」「喜んで〜します」という言い方で、好感度が高まり仕事も進めやすくなります。

相手のやる気を引き出す「○○君の右に出る人はいない」

キャリアを重ねて部下や後輩を持つようになるほど、相手を立てるボキャブラリーを増やし、本人のやる気を引き出しながら仕事を采配する能力が必要となります。

たとえばエクセルの得意な部下に、複雑な表の作成を頼みたいと思っているとします。このとき、次の言い方のうち、どれが最も本人をやる気にさせるでしょうか。

A「〇〇君、エクセルでこの表をつくっておいて」
B「〇〇君はエクセルが得意だからやってもらいたいんだ」
C「エクセルなら〇〇君の右に出る人はいないよ。仕事をお願いできないかな」
D「エクセルを〇〇君に任せられれば百人力だよ！　ぜひやってもらえないかな」

自分を立ててもらっていることを感じれば、仕事のモチベーションは何倍にも上がるものです。CやDのように、「**あなただから頼みたい！**」**という想いを表現して相手を立てる言い方をすると、本人のやる気も大きく変わってきます**。

逆に、がんばった部下や後輩を見下すようなニュアンスになってしまうのが「やればできるじゃない」という言い方です。これを「すごい！　やるじゃない」と変えるだけで、相手を立てるひと言になり、ほめ言葉に変わります。

相手を立てるボキャブラリーをつかえるようになるには「相手が思わず感動するような気の利いたことを言いたい」「相手を喜ばせたい」という気持ちを持つことが最初のステップです。この想いがなければ、相手の心を動かす言葉は出てきません。いろいろな人と接しながら「**この場面ならこの人が喜ぶ最高のフレーズは何だろう**」**と考えるくせをつける**ことで、自在につかえるようになるはずです。

部下のやる気を引き出すには？

NG

「○○さん、ちょっと□□をやってくれる？」

部下にお願いをするときの普通の言い方です。上司の指示ですから、こう言われれば動きますが、相手を立てるような言い方にするだけで、本人のやる気が大きく変わります。

OK

「□□を頼むなら、○○さんの右に出る人はいないよ」

あなただからこの仕事を頼むのだということを強調する言い方です。普段から部下の得意なことをよく見て、いろいろなフレーズを用意しましょう。家庭でもつかえる表現です。

26 人の「好き・嫌い」を口にしない

ビジネスの場には「好き・嫌い」を持ち込まないことが基本です。学生時代は気の合う仲間を選んでつきあっていればよかったかもしれませんが、社会に出れば、取引先も上司も選べません。柔軟性が求められるのが社会人です。むやみに「好き・嫌い」を口にすると、社会人として未熟な印象を与えてしまいます。

■人の好き嫌いを口にすると、組織がぎくしゃくする

「実は○○さんのこと、嫌いなんだよね」「私、○○さんに嫌われてるの」と言うなど、自分が「好きか嫌いか」ですぐにものごとを切ってしまう人がいます。しかし、**ビジネスの場には私情を持ち込むべきではありません。**ビジネスでは、どんな人ともつきあっていかなければならないという大前提があり、それがきちんとわかっている人は、

こうした言葉は口にしないのではないでしょうか。

また、「○○さんのことすごく好きだから、一緒に仕事をしたいです」というように「好き」なら言ってもいいということにもなりません。「勉強になりそうだから、○○さんと一度一緒に仕事をしてみたい」といった言い方なら問題はありませんが、私情を挟んだ表現は避けましょう。

「○○さんが□□さんを好き（嫌い）だって言っていたよ」といった第三者としての発言も、ゴシップになってしまい組織やグループをぎくしゃくさせてしまいます。**「好き・嫌い」は人間関係をかき回すことにもつながる**のです。

仕事の中身に対して「苦手」という言葉をつかうのは「苦手だからがんばる」とか、「苦手だからフォローして」とか、建設的な言い方をするのならぎりぎり許容範囲だと私は思いますが、仕事そのものに対して「嫌い」と言うのはアウトです。

「好き・嫌い」はとても感覚的な言葉ですから、デザイン案を選ぶときなど一定の価値基準にあてはまらない、感覚的な部分で評価するときにつかうならよいのかもしれません。ただし「このデザイン案は嫌い」といったあと、きちんと理由を説明できなければ、単なる感情論になってしまいます。

人の外見や抽象的な印象を報告しない

自分の感覚で「好き・嫌い」を断じる人がいるように、人の印象を説明するときに、外見から入ってしまう人がいますが、これもビジネスにふさわしくありません。

たとえば取引先の担当者が替わったときに「今度の担当の人はどう？」と上司から聞かれ、「かっこいい」「太っている」といった情報は的外れです。こうした報告をすると、間の抜けた人だと思われかねません。**上司は仕事と直結する部分を聞きたい**と思っています。「この業界での経験も長く、信頼できそうな方でした」といった情報を返すべきです。何を聞かれているのかをまず考えてから答えましょう。

また、人柄について言うときに、自分の価値観のみを反映させたような抽象的な伝え方をしないことも大切です。たとえば、「○○さん、神経質だから仕事がやりにくいよ」という言い方をしてしまうと、まだ会ってもいない相手に先入観を与えてしまいます。「締切は守るように気をつけたほうがいいと思うよ」など、「**この人のこの部分をクリアすれば仕事上うまくいく」という対処することができるポイントのみを伝える**ようにしましょう。

印象を聞かれたら外見を報告しない

NG

（取引先の新しい担当者の印象を聞かれて）

「小柄な人でした」

聞きたいのは外見ではなく、一緒に仕事をしていくビジネスパートナーとして、どんな人柄なのかということ。的外れな答えをすると、仕事でも信頼されなくなってしまいます。

OK

「業界経験も豊富で、信頼のできそうな人でした」

これから相手と仕事上でどんなつきあいになるかも予測しやすい答え方です。仕事の経験年数や、人柄の印象を伝えると、上司もより具体的に相手のことをイメージしやすくなるでしょう。

27

ネガティブワードをつかわない

「ご都合が悪ければおっしゃってください」「この日はダメでしょうか?」「大変失礼ですが」これらは一般的に広くつかわれている丁寧な表現ですが、「悪い」「ダメ」「失礼」といったネガティブワードが含まれています。こうした言葉をなるべく入れない言葉づかいをすると、印象もぐっとよくなります。

「ご都合が悪ければ」は会話のイメージを落とす

頭につけることで丁寧な印象を与えることのできる「クッション言葉」。「勝手なことを申し上げるようですが」「大変失礼ですが」などはいずれも正しい用法ですが、「勝手」「失礼」などネガティブなイメージのある単語を含むため、私自身はなるべく避けたほうがいいと思っている言葉です。

なぜネガティブな言葉を避けるかというと、会話全体のイメージを落としてしまうように感じるからです。私が講演や研修の依頼をメールで受けるときに、よく文中に「日程のご都合が悪ければおっしゃってください」「このスケジュールで渡辺さんがダメだったら、ほかの人にお願いをしますから、おっしゃってください」という表現を目にします。「悪い」「ダメ」というネガティブなイメージのある言葉をストレートにつかわれると、やりとり全体がマイナスイメージになってしまう可能性があります。この場合、「ほかの日程のほうがよろしければ」と言い換えるのがおすすめです。

自分を振り返ってみると、こうしたネガティブな言い方は自分の都合しか考えていないようなときにポロポロと出てくるように思います。

たとえば、私も夫に対して「今夜も遅いって言ってたから、夕飯いらないよね？」という言い方をしてしまうことがあります。本当はもっと優しい言い方があるはずですが、こうした言い方をしていることに気づいたら、相手を気づかう余裕がなくなっている証拠だと反省するようにしています。

お客様に名前を聞く場面で、「失礼ですが、お名前は？」と言ったときと、「恐れ入りますが、お名前をうかがってもよろしいでしょうか？」と言ったとき、どちらが印象よく聞こえるでしょうか？　私の場合は「失礼ですが」という言葉を聞いた瞬間に「何を言われるのかな」と身構えてしまいます。

ネガティブなイメージの言葉が出てきそうになったら、とっさにほかの言葉からふさわしい表現を選んで会話ができるといいでしょう。

「可能でしょうか？」を決まり文句にしない

ビジネス会話では「可能でしょうか？」という言い方があります。**「可能・不可能」の表現はどこか機械的であまりこちらをおもんぱかっている印象を受けません。**「来週の打ち合わせは可能でしょうか？」は、「来週の打ち合わせのご都合はいかがでしょうか？」と言い換えるだけでも感じよく聞こえます。

ルーティーンワークの事務連絡でつかうのであればいいのかもしれませんが、たとえば講演の依頼をメールで受けるときに、「○月○日にご登壇可能でしょうか？」と言われると、せっかく「ご登壇」という素敵な言葉をつかっているのに、言葉のグレードがガクンと落ちるような印象を受けます。

細かなニュアンスにも配慮した言葉づかいができると、知的な大人になれます。

ネガティブワードはできるだけ避ける

NG

「日程のご都合が悪ければ」

「悪い」というネガティブワードが会話のイメージを下げています。間違った言い方ではありませんが、なるべくこうした単語をつかわずに表現しましょう。

OK

「ほかの日程のほうがよろしければ」

ネガティブワードのないきれいな言い方です。こうした表現をつかう余裕がなくなっているときは相手を気づかう気持ちに危険信号が灯っているときです。

28 クッション言葉を形式的につかわない

お願いやお断りをするとき、言葉の頭につけるクッション言葉を形式的につかっている人も多いのではないでしょうか。なんとなく入れるのではなく各々のシチュエーションに最適な言葉のニュアンスをつかい分けられれば、より相手の気持ちをおもんぱかった言い方ができ、好かれる人になれるでしょう。いろいろな言い方をストックし、ワンランク上の表現を身につけましょう。

どちらでもいいお願いは「差し支えなければ」をつかう

「お忙しいところ恐れ入りますが」「お手数ですが」「失礼ですが」などのクッション言葉は、「クッション」という言葉のイメージから、「単に衝撃をやわらげるために言う言葉」ととらえられがちですが、私はもっと重要な役割があると考えています。

クッション言葉は、相手に自分の真心や意図をより正確に伝えるための前置きの言葉として、頼む内容の重さ、相手の状況によってつかい分けるべきです。クッション言葉を選ぶことで、相手のアクションを促すさいに、不愉快な想いをさせないよう気づかう言い方ができます。

まず、マストでない頼みごとは、「差し支えなければ」「もしよろしければ」といった言葉をつかいます。お客様にショップの会員カードをつくることをすすめる場合は、「もし差し支えなければ、ご住所・メールアドレス・電話番号をこちらにご記入いただけますか？」という言い方をします。相手の意志を尊重したいと思っていて、「あなたが嫌と思わなければ書いてね」という気持ちを伝えます。

ただし、こちら側の不手際で相手に書いてもらわなければならないときには「大変申し訳ありませんが」と、まずお詫びの言葉を述べて、「こちらの不手際で以前書いていただいたご住所の記録が紛失してしまったものですから、いま一度ご記入いただけないでしょうか？」と頼まなければなりません。クッション言葉にはつかう人の誠実さが表われます。

ちょっとした頼みごとは「おつかい立てして悪いんだけど」

社内で頼みごとをしたいときに、相手が暇そうにお茶を飲んでいるような人であれば、「忙しそうなところ悪いんだけど」をクッション言葉に選ぶのはふさわしくありません。相手には「え？　別にいまは忙しくないんだけど」と戸惑われてしまうでしょう。この場合は「急ぎの用事で悪いんだけど」という言い方が適しています。あるいは「おつかい立てして悪いんだけど」という言い方もきれいです。先輩から後輩への頼みごとでも、「自分のことを大事に思ってくれているんだな」と受け入れやすくなるはずです。

また、「大変恐縮ですが」という言い方がありますが、「恐縮」は漢語にあたるためどちらかというと男性言葉のイメージがあります。女性であれば「恐れ入りますが」という言葉をつかったほうが、**より美しくやわらかいイメージを表現でき、よい印象を持たれる**のではないでしょうか。

クッション言葉はただつかえばいいというものではありません。相手の状況を気づかい、自分の気持ちに沿った言葉を選び、最適な表現をしていきましょう。

シーンに合ったクッション言葉をつかう

NG

「失礼ですが、お名前をうかがえますか？」

間違った言い方ではありませんが、「失礼ですが」がピタリと合うのは本当に「失礼」な行為があったとき。名前も名乗らずに会社の受付を通ろうとした相手を呼び止めるようなシーンです。

OK

「恐れ入りますが、お名前をうかがえますか？」

単純に相手の名前を聞きたいときには「恐れ入りますが」をつかったほうが、よい印象で受けとめられます。「失礼ですが」は、「失礼」という言葉そのものの悪いイメージに引っ張られてしまいます。

Column 4

「させていただきます」症候群になっていませんか？

よく、自分の行動を「〇〇させていただきます」と言う「させていただきます症候群」の人がいます。生徒にも「つかい方の正解・不正解がわからない」と頻繁に質問される言葉です。

本来、「させていただく」は自分の行動に相手の許可を受けるときの謙譲語です。だから明らかに間違っているのは、他社の人に向かって「〇〇社に勤めさせていただいております、〇〇です」という自己紹介。これでは敬う対象が自分の会社になってしまいます。

敬語はあくまでも目の前にいる人に向かってつかうべきものなので、私のなかでの線引きとしているのが、目の前の相手と関わりのある行為についてつかっているかという点です。「ご質問の点に関してお答えさせていただきます」「ご説明させていただきます」といった言い方はOKですが、たとえば「〇〇のパーティに出席させていただいた際にこんなことがあって～」という言い方は間違いです。「〇〇のパーティに出席した」ことは目の前の相手と何の関わりもありません。「させていただく」相手が誰なのかを考えると判断しやすくなるでしょう。

ちなみに、これは「おっしゃっていました」という敬語も同じです。「小学校時代の恩師がこうおっしゃっていました」と言ったときに、相手はその恩師のことを知りません。「恩師がこう話していました」でいいのです。迷ったときは、立てようとしている相手は誰なのかを意識するとよいでしょう。

第5章

相手を不快にさせる言い方を避ける

29

「こうあるべきだ」と決めつけた言い方をしない

「男たるもの、こうあるべきでしょう」「その服、地味すぎない？」など、自分の考え方を押しつけるような言い方をする人がいます。こうした発言は上から目線となり、相手を嫌な気持ちにさせてしまうものです。「こうしたほうがいいと思う」と、提案する言い方にしましょう。

根拠のない「決めつけ」は、人を遠ざける

自分がこうだと思ったら、その場にいる全員が肯定しなければいけないような勢いでものを言う人は、自分の価値基準から少しでもはみ出すものに「ダメ」という評価を下し、文句をつけたがります。しかし、この評価は根拠もなくあまりに漠然としています。

決めつけた言い方をするタイプの人が敵をつくりやすいのは確かです。気が強い相手であれば「何よ！」と言い返されてケンカになってしまうこともあるでしょうし、気の弱い相手なら「私ってダメな人間なんだ」と不必要に落ち込ませてしまいます。**まわりの人から「自分の価値基準だけでものを言う人なんだ」と思われ、いつのまにか距離を置かれてしまう可能性もあります。**

「私は○○がいいと思う」と提案する

決めつけるような言い方をするのではなく、**自分の意見として伝えるほうが相手は素直に受け入れやすくなります。**とくに、相手への提案として「こうしたらよくなると思うよ」と伝えたほうが、お互いにとって有意義な会話になります。

たとえば、決めつけた言い方を次のように言い換えてみましょう。

「その服、地味すぎない？」→「もうちょっと明るい服のほうが似合うと思うよ」

「そんな言い方をするからモテないんだよ」→「女の子ってもっと優しい言い方をされたいんだと思うよ」

「男たるもの、〇〇であるべきでしょう」→「私だったら、〇〇の態度で接してほしいな」

このように言い換えることで、相手にとって役立つアドバイスになり、あなたが言ってくれたことに対しても感謝するのではないでしょうか。

相談されたら、「あくまで考え方のひとつ」として伝える

決めつけた言い方でとくに注意したいのが子育てに関するアドバイスです。

「うちの子はこのやり方でうまくいった」という経験があると、それをほかの人にも指南したくなる人が多いようです。そうした人は、「うちの子、なかなかご飯を食べてくれなくて」という相談を受けると、「いつまでも食べ物を食卓に置いているから、そうやって食べなくなるんだよ」などと決めつけた言い方をしがちです。

私が子育てをしているときにも、「こうしたほうがいい」「ああしたほうがいい」と決めつけた言い方をしてくる人がたくさんいました。新米ママはそれを言われるたびに、うまくできない自分を責めて、落ち込んでしまうものです。

子育てが終わったいま改めて実感するのは、子どもが一〇〇人いれば一〇〇通りの育て方があるのだということです。同じことをすれば、かならずうまくいくという方法はありません。**自分の子どもでうまくいったからといって、それはすべての子どもに共通するものではない**のです。

アドバイスをするときには、その前提のもとで話をするようにしましょう。たとえば先の相談に対しては、「ご飯を食べてくれないときは、食事を下げちゃうほうがいいって言う人もいるよ」と、あくまでもひとつの考え方として提案する言い方にして相手に伝えるようにします。

自分で答えを導き出せるような聞き方をする

職場でも、たとえば同僚から「クライアントの考えていることがよくわからなくて困っているんだ」という相談を受けたときに「それはもう、さっさと聞きに行くべきでしょう」といった返し方は、自分の考え方をダイレクトに押しつけているにすぎません。こうした**「べき」といった言い方はなるべく避けるようにしましょう。**

答えに迷っていたり、方向性が見えなくなっている人に対しては、選択肢のひとつとして自分の提案を伝えるような言い方をします。行動パターンは人によって異なります。「**私がもし同じ立場だったら、こう考える**」「**あくまで私の提案だけど**」という**スタンスで意見をしましょう。**

また、これはコーチングの手法と似ていますが、相談されたことに対して、本人の置かれた状況などを理解したうえで、「あなたはどうしたいと思っている？」と聞いてみるのもひとつの方法です。相手の心の奥底では、すでに気持ちが決まっているかもしれません。それを引き出すように聞いてみましょう。そして相手の言葉を受けて「じゃあその点を考えた場合に、今の段階ではどうしたらいいって考えているの？」と質問を重ねていきます。

相談を受けたら、自分の考えを押しつけるのではなく、相手が自分自身で答えを出せるように導くことができればベストです。

決めつけずに提案する

NG

「その服、地味すぎるでしょ」

自分のモノサシで勝手に決めつけ、相手に押しつける言い方です。根拠も漠然としているため、相手に対する説得力もありません。

OK

「私はもうちょっと明るい色の服が似合うと思うよ」

「地味な服だな」と思ったことを、アドバイスに変えて伝えているので、相手も受け入れやすい言い方です。内容も具体的なので、「どんな色がいいかな？」と話も広がりやすくなります。

30

人と比較して傷つけない

相手を注意するとき「○○さんはこうだったのに」と比較の対象を持ち出すと、相手をむやみに傷つけてしまいます。人の心のなかにはいろいろな評価軸がありますが、誰かと比較して評価を定めていることも多いのではないでしょうか。しかしそれを表に出すか出さないかの違いはとても大きいものです。

第三者を引き合いに出さない

経理の入力の仕方を教えた後輩が一回で覚えきれなかったとき、ほかの社員を引き合いに出して「○○君は一回で覚えてくれたんだけどね」と言うと、相手はどんな気持ちになるでしょうか。「○○君はいま関係ないのに」と不愉快な気持ちになったり、自分が否定されたように感じていたりするかもしれません。比べられた瞬間に、ひとつのことを注意されたのではなく、「人としてすべてが劣っている」と言われているように受けとめてしまう人もいるでしょう。**ほかの社員を登場させるのは、「あなたはほかの人よりも能力が低い」とレッテルを貼っているのと同じ**です。相手をむやみに傷つけるだけで、建設的な注意にはなりません。

口に出す前に、わざわざ第三者を持ち出すべきことなのか考えてみましょう。この場合は、「一回で覚えてくれるとありがたいんだけどね」と言うだけで十分に意図は伝わるはずです。

子どもは比較せずにほめる

親になると、子どもに対しても「どうしてあなたはお兄ちゃんに比べて、いつも支度が遅いの?」「○○ちゃんは、塾でクラスがひとつ上がったらしいのに、どうしてあなたはいつまでも同じクラスなの?」と比べてしまいがちです。子どもに向けた言葉ではなく、親同士の会話のなかでも、「○○ちゃんは」「○○君は」と比較をしていることが多いのではないでしょうか。

一方アメリカでは、比較はせずに、どんなに小さなことでも子どもをめいっぱいほめるという教育をしています。

「机の上をいつも整理整頓していて、あなたはすばらしい」「毎朝、遅刻をしないで来て、あなたは本当に偉い」「靴をちゃんとそろえて脱ぐことができるなんてすごい」こんな調子で、**十人の子どもがいれば十通りのいいところを見つけてほめている**そうです。

子どもの価値は成績や運動神経のよさだけで決まるものではありません。

しかし、現実には日本の社会でほめられるときのパターンは「先生の言うことをよく聞く」「勉強ができる」「運動ができる」「生徒会などの活動をする」という四つくらいしかありません。

こんな状況のなかで親が日常的に「○○君より勉強ができる」「○○ちゃんのほうが運動神経はいいね」などとほかの子どもと比較をしていると、子どもはこの社会に多様な価値観があることを受けとめられなくなってしまうのではないでしょうか。

家庭でも仕事においても、相手を比較の天秤にのせて優劣をつけることは避けたいものです。

比較して優劣をつけない

NG

「〇〇君は、もっと□□なのに…」

相手を注意するときに第三者を引き合いに出すのは、相手をムダに傷つけるだけ。また、子ども同士を比較すると、子どもの価値観を狭めてしまうことがあります。

OK

「いつも整理整頓ができていて、すばらしいね」

ほかの人との比較で評価するのではなく、個人を見て評価するべきポイントを見つけましょう。注意をするときにも第三者と比べる言い方ではなく、改善すべきポイントを具体的に伝えましょう。

31 自分の品格まで下げるネガティブな評価はしない

自分の発した言葉は、自分自身の性格や人柄を表わします。とくにその人の人間性が最もよく表われるのが、人を評価する言葉です。普段どんな言い方で人のことを評価しているか振り返ってみましょう。ネガティブなことばかりを口にしている人は、その言葉があなたのイメージを悪くしている可能性があります。

ほかの人が気づかない「いいところ」を見つける

「あの人はこの程度の人だ」「あの人は人並みだ」など、自分のなかの価値観とカテゴリーに当てはめる「評価癖」のある人がいます。とくに**学歴や出身地など動かしがたいものに対して見下した発言をする人は見苦しく感じるものです**。人の揚げ足をとって、人を見下した発言ばかりをしていると、「あの人は、何様なんだろう」と思われてしまいます。

人の長所と短所は背中合わせです。たとえばあなたがある人を「神経質」だと感じていたとしても、ほかの人は「仕事に慎重で頼りになる」ととらえているかもしれません。同じように「うるさい人だ」と思っていても、見方を変えれば「元気な人」「ムードメーカーになってくれる人」となるかもしれません。

ほかの人を見下したからといって自分の評価が「上がる」ということはありません。自分の評価も一緒に下がるだけです。**ネガティブな評価は、自分の品格まで下げてしまう**ものなのです。

ネガティブな評価を口にするより、「あの人は実はこういうところもある」と、ほかの人が気づかないポイントでよいところを見つけるようにしたいものです。そのほうが「人のことをきちんと見ている視野の広い人だな」とあなたに対する評価も上がります。ポジティブに他人を評価できる人は、人柄も前向きで明るい。まわりの人も「彼（彼女）の言葉を聞いていると元気になる」と好感を持つはずです。

「使える」「使えない」を口にしない

ネガティブな評価のなかでも、最も避けてほしいのが「○○って使えないよね」という言い方です。「使える」「使えない」という言い方は、上下関係を強く意識させる言葉です。

私はこれまでに研修などでたくさんの企業を訪問してきましたが、役職者が「○○社（○○さん）は使えない」という言い方をしている会社は、たいてい若いスタッフも宅配便の人などに横柄な態度をとっていました。上下関係や損得で態度を変えるような悪い文化が会社全体に蔓延しているのです。

仕事は発注する側と受注する側に分かれますが、お互いがいなければ成立しません。「使える」か「使えない」かではなく、誰に対しても「いつもお世話になります」「ありがとうございます」と言える人になり、またそうした言葉が自然と出てくる部下や後輩を育ててほしいと思います。地位のある人ほど、こうした挨拶を誰に対しても丁寧にしていますし、**お互いを尊重し合うことのできる会社こそが、これから伸びていくのではないでしょうか。**

自分のイメージを下げる言葉をつかわない

NG

「今年の新人って使えないよね」

職場の仲間うちで言いがちな言葉ですが、新人はあくまで会社が採用した人材。新人を「使えない」とばっさりと切ることで、採用をした部長や課長まで批判することになります。

OK

「今年の新人の子はおっとりしているよね」

「トロい新人だな」と判断したとしても、それは自分の価値基準にすぎません。別の見方をすれば「おっとりしている」とも言えます。頭から傷つける言い方は自分のイメージも下げてしまいます。

32 恩着せがましいことを言わない

「○○しておいてあげる」「○○できたのは私のおかげ」

こうした言い方はお礼の言葉を強要しているようにも受けとれます。感じのよい言い方をする人は、恩着せがましいことは言わないものです。ちょっとした言い方でも、「このひと言が相手にどういう印象を与えるのか」を見通して話をしたいものです。

「～してあげる」は感謝の言葉を強要する

たとえば「仕事で○○さんに会いたいんだけど、紹介してもらえないかな」と仲介役を頼まれたときに、ＯＫの返事をどんな言い方でしているでしょうか。

・「知り合いだから、紹介してあげるよ」
・「知り合いだから、紹介するね」

どちらも自然な言い方ですが、「〜してあげる」と言われると、「ありがとうございます」と感謝の言葉を言わざるを得ないような流れになります。人によってはあまり気持ちよく受けとれないのではないでしょうか。

ほかにも「彼と出会えたのは私のおかげだよね」と言うときの「おかげ」も「してやった」という上から目線の言い方です。これも素直に相手を祝福する気持ちがあれば「彼と出会えてよかったね」という言い方になるはずです。**語尾のつかい方が少し違うだけで、相手の受けとめ方は、よくもなれば悪くもなる**のです。

「家族サービス」＝「家族のために時間をつかってあげている」

「〜してあげる」という言葉が生まれる背景には、「あなたのために私はわざわざ行動している」という意識があると考えられます。つまり、普段はその行動をしないから、特別に「してあげた」という意識を持つようになるのでしょう。

ただ、その「普段はしないこと」という認識そのものが相手の感覚とずれている場合もあります。そのひとつが「男性の家事」だと思います。

「この週末は、家族サービスでディズニーランドに行ったんだよ」と言ったときにつかわれる「家族サービス」という言葉は、いまの若い世代ではすでに死語に近いのかと思っていましたが、家庭を持つ三〇代の人の間でもつかわれているようです。

この言葉をつかっているということは、気持ちの奥に「家族のために特別に時間をつかってあげている」という意識があるということではないでしょうか。

しかし、主婦目線で言えば、家事をしたり家族のために何かをしたりするのは当然のことです。それを「家族サービス」と言うと、どこか「仕事だけではなく家庭のこともがんばるお父さん」をアピールしている印象を受けてしまいます。**選ぶ単語ひとつでも、その人の価値観が浮き彫りになる**ものです。

「家族サービス」という言葉をつかう人が後を絶たないのは、会社が忙しすぎることも原因であるように思います。よく「昨日は三時間しか寝ていない」など、忙しいことを自慢するような言い方をする人がいます。あるメーカーの企業研修に行ったときにも、管理職の一人は「帰宅時間は二三時を過ぎていて、朝は七時すぎには家を出る」と話していました。このような企業がまだまだ多いのが現実だと感じています。

こうした働き方を変えなければ、「家族サービス」という言葉も「家事をしてあげる」という意識も、いつまでもなくならないのかもしれません。

感謝を無理強いする言い方をしない

NG

「○○できたのは私のおかげだね」

実際にそうだったとしても、素直に受けとりにくい言い方です。この言い方だと、相手も「ありがとう」と言わざるを得ません。「特別にやってあげた」という恩着せがましさを感じさせます。

OK

「○○できてよかったね」

相手の成功を素直に喜んでいて、好感の持てる言い方です。わざわざ「私のおかげ」と言わなくても、この言い方なら相手はつづけて「○○さんのおかげだよ」と自然と口にするでしょう。

33

悪口や愚痴に同調しない

悪口や愚痴は聞かされて気持ちのよいものではありませんし、なるべく自分からは発信したくないものです。ところが、上司がほかの誰かの愚痴を言ってきたり、仲間うちで集まったときにほかの誰かの悪口大会になったりすることもあります。このときに安易に同調していると、いつの間にか発言の首謀者にされ、自分の評価を下げてしまうことになりかねません。

悪口には乗らずに「空気」になる

たいていの悪口は本人がいないところで言われる「欠席裁判」になりやすいものです。誰かの悪口を聞いて「そうだよね、私もずっとそう思っていた」と乗ってしまうと、自分のいないところでは自分がその悪口を率先して言った首謀者にされてしまう可能性があります。日本の社会では、悪口に共感しないと仲間外れにされるようなところがありますが、**悪口によって高まった結束力は一時的なものでしかありません。**誰かが裏切り者になって、自分のいないところでまた悪口を言いはじめることもあるでしょう。こういったつきあいからは本当の友情は生まれません。

悪口大会になったら「空気になる」というスタンスをとったほうがいいでしょう。「そんなことがあったんだ。へえ」と肯定も否定もせずに中立のポジションをとるのも処世術のひとつ。そうすることで首謀者になるリスクを減らせます。

悪口や愚痴への相づちには、フォローも忘れずに

愚痴を言うときは、相手をしっかりと見極めることも大切です。たとえ夫婦間でも、立場が違う相手の愚痴を真摯に聞き、受け入れるのは難しいものです。男女差による違いもあり、とかく男性は結論をつけたがりますが、女性は聞いてもらえるだけでいいと思う人も多いものです。夫が愚痴を言う妻に対して「そんなことばかり言っていると、不満が顔に出るようになるよ」「人のことばかり悪く言っていると逆に悪く言われるよ」などと妻自身を批判するのは最も避けたいことです。「**大変だったね**」**と**

言ってもらえるだけで満足することも多いのです。男性にはこういった女性の心理はぜひ頭に入れておいてほしいと思います。

仕事上の悪口や愚痴を言っていいのは、親しい同僚で気持ちを共有できる同性の相手くらいではないでしょうか。相手にじっくり話を聞く時間的・精神的な余裕があるかを判断したうえで、「いま私の話を聞いてもらってもいいかな」と断ってから、話をするようにしましょう。避けなければいけないのは、たとえばまだ課長のことをよく知らない後輩に「あの課長は頭が固い」といった悪口を言うこと。課長に対して悪い先入観を持たせてしまうばかりか、先輩としての資質が問われてしまいます。

そして、職場の上司が後輩についてネガティブなことを言ったときに「本当にそうですよね！」と太鼓持ちのようにすぐに同調してしまうのも注意が必要なのは前にも述べました。こうしたときには、**一度「そうですね」と相手の気持ちを受けてから「いや入社した頃に比べると、だいぶよくなってきた気もするんですけどね」とフォローをすることが大切です。**同じ部署の後輩について小言を言っているのなら、「すみません、これからは私がしっかり育てていきますから」と言えるといいでしょう。

あまり反論しすぎるのも上司との間に波風を立たせてしまいます。一度同調したうえでフォローをするような相づちをしましょう。

悪口や愚痴に乗らない

NG

（上司に「〇〇君（後輩）はもっと気が利くといいのに」と言われたら）

「本当にそうですよね！」

その場はこの返し方で収まるかもしれませんが、安易に同調して「そうだそうだ」と言い合っても何も生まれません。言われている人の評価をただ下げるだけになってしまいます。

OK

「そうですね、ただ入社した頃に比べるとよくなっている気がしますよ」

相手の気持ちを一度受けたうえで、さりげなくフォローしましょう。直属の部下だったら「すみません、これからは私がしっかり育てていきますから」と言うと、上司としての評価も上がります。

Column 5

話しづらい話題を振っていませんか？

話題は何でも振ればいいというものではありません。関係が浅いうちにプライベートエリアに踏み込むと、相手に嫌な思いをさせる可能性もあります。

ビジネスシーンではとくに、他人の人間関係に踏み込むことは避けたほうがよいでしょう。仕事であれば、仲のよし悪しにかかわらず一緒に働かなければなりません。「○○さんと□□さんって仲がいいんですか？」といったことは少なくとも仕事とは関係がありません。社会人にとっては表沙汰にする必要のない話のはずです。

同じように相手の個人的な事情に踏み込むときにも注意したいものです。「結婚しているの？」「子どもはいるの？」という質問は、ナーバスな問題なので、男女ともに興味本位で聞くべきことではありません。

もしも必要があって聞くのであれば、その理由も添えて「この企画は主婦目線が入るものですが、○○さんはいかがですか？」と丁寧に聞いたり、まずは自分から「子どものお弁当をつくるのが大変で」など雑談をしながら先に自分の話をし、相手の情報を引き出すのがよいでしょう。

そして初対面の相手に気軽に聞きがちなのが趣味の話。しかし働き盛りの世代にとって、特定の趣味を持っている人はそう多くはありません。趣味をはっきりと答えられる人は十人いたら二、三人といったところではないでしょうか。「お休みにお時間があったらどんなことをされるんですか？」といった質問のほうが自然です。

第6章

気持ちよく会話をはずませる

34

「そうなんですね！」にプラスαのひと言を

会話の上手な人は相づちも上手です。しかし、口下手でなかなか気の利いた相づちが打てない人もいると思います。そうした人におすすめしたいのが、はじめの一歩として、相手の目を見てアイコンタクトをすること。そして「そうなんですね」と大きくリアクションをしましょう。受け答えに慣れてきたらプラスαのひと言を加えると、会話を掘り下げることができます。

相づちには喜怒哀楽の感情を込める

相づちの最初のステップはアイコンタクトです。会話をしている相手から目をそらしつづけると「私の話に興味がないの？」と、相手も話す意欲をなくしてしまいます。相手と目を合わせながら話を聞いて、浮かんできた自分の感情を「へえ！」「ほお」

といった喜怒哀楽を込めた声にして、相づちを打ちましょう。

そしてこの相づちはただ声を出せばいいというものでもありません。**顔の表情もともなわなければ心のこもった相づちにはなりません。**「そうなんですね」と言うときも、無表情で「そうなんですね」と言うよりは「そうなんですね！」と大きくリアクションをしたほうが、相手に気持ちが伝わる相づちになります。「そうなんですね」という同じ言葉でも、自分の感情をぎゅっと込めて、「ものすごく納得がいきました！」ということを伝えるのか、「大変でしたね」という気持ちを込めるのかで、響きがまったく変わります。相手の話を聞きながら、自分のなかに沸き上がってきた想いを、言葉や表情で表現するようにしましょう。

「なんで○○できるんですか？」が相手を喜ばせる

自分の話を聞いてくれる相手が、「そうなんですね」「なるほど」という言葉ばかりを機械的に繰り返していると、「あまり興味を持たれていないな」「興味がないけど、しょうがないから形ばかり話を聞いてくれているのかな」と感じてしまいます。

このとき、「そうなんですね、なんでそんなに○○できるんですか？」と**プラスα**

の言葉をつけ加えると、会話を掘り下げる相づちになります。

たとえば、ビジネスシーンでは、「直前に部長に頼まれたプレゼンの資料、なんとか間に合ったよ」と先輩がほっとした様子であなたに話かけてきたら、「それはすごいですね、でも先輩ってなんでそんなに資料を早く用意できるんですか？　コツを教えてくださいよ」という返し方をすると、言われた先輩もうれしくなります。

あるいは、「ダイエットがうまくいって、この夏は五キロも体重が減ったの」と言ったときに、「そうなの！　そんなに食べていて、どうして痩せられるの？」という質問をすると、相手をより喜ばせることができます。

このように、相づちにつづけて「なんで○○できるんですか？」というひと言を加えて質問をすることで、相手は自分を立ててもらっている印象を受け、あなたに好感を持つでしょう。

相づち上手の人の共通点は？

では、どうしたらこのプラスαの言葉が出てくるのでしょうか。まず相手の話に対しては、**「もっと知りたい」という興味を持つ**ことが大切です。実際に相づちがうまい人は、好奇心が旺盛な人が多いものです。

そして、向上心をもって聞くこともポイントです。先ほどの事例では、「私も先輩のようにプレゼンの資料を早くつくれるようになりたい」「私もダイエットしたい」という気持ちを持っていないと言葉は出てこないでしょう。**質問は、相手や世の中のことに興味を持っていたり、相手の話を聞いて自分自身にも役立てたいという向上心があるからこそ出てくる**ものです。

これが、もともと痩せ型の人がダイエットの話を聞いて「私も痩せたい」と言ったとしても不自然な相づちになってしまいます。何でも掘り下げればいいというものではなく、このタイミングで掘り下げると自然な会話の流れになるかどうかを見極めるようにしましょう。気持ちがともなっていなければ、プラスαのひと言は不自然なものになり、ヨイショをしているような印象を与えてしまいます。

「自分だったらどう思うか」を想像して相づちを打つ

プラスαの相づちは、質問のかたちにならない場合もあります。相手の気持ちを想像し、「大変だな」と思ったら「そうだったんですね。大変だったんでしょうね」といった言葉をつなげる場合もあります。こうした言葉を返されると相手も「真剣に話を聞いてくれているのだな」「この人はわかってくれている」と思うでしょう。

このときは、「自分だったらどんな気持ちになるのか」と想像することで言葉が出てきやすくなります。もし相手の気持ちを想像せずに自分の価値基準だけで受け答えをすると、「クライアントに企画を延期されちゃったんだよ」と言われて、「そうだったんですね、うちのクライアントじゃなくて助かった」などと、相手をムッとさせるような自分本位の言葉を返してしまいかねません。

ここは想像力が必要です。**相手の気持ちに思いをはせて、相手の話す世界に入り、相手の立場に自分の身を置き換えることでプラスαの言葉を見つけましょう。**

会話を掘り下げたり広げたりできる相づちをマスターして、ぜひあなたと一緒に話したいと思われるような「会話上手」になることを目指してください。

会話を掘り下げるひと言

NG

「そうなんですか」

機械的な相づちを繰り返しているばかりでは相手もおもしろくありません。せめて相手の気持ちを想像しながら感情を込めて相づちを打ちましょう。さらにプラスαのひと言を加えます。

OK

「そうだったんですね。大変だったでしょう」

「なんでそんなことができるんですか？」

会話を掘り下げるプラスαのひと言を加えた言い方です。相手の話を聞きながら、気持ちを想像して同調する言葉を伝えたり、浮かんできた疑問をぶつけることで、会話は展開していきます。

35 「～ということですね」と話をまとめる

相づちの応用編として、相手の話を聞きながら、「～ということですよね」と、聞いていた内容をひと言でまとめるような言葉を入れると、会話はさらに弾みます。「こちらの話を真剣に聞いていてくれたんだ」「そうそう、それが言いたかったんだ」と相手もうれしくなるでしょう。

まとめるひと言で会話が広がる

私は、阿川佐和子さんの「サワコの朝」（TBS系列）というテレビ番組をよく見ています。毎回ゲストを迎えてトークをする番組なのですが、そのなかで佐和子さんは話の間にゲストが話した内容を「～ということですね」とひと言でまとめながら聞いている場面があります。

たとえばゲストが自分の母親について語っていたときに、なかなか仲良くなれなかったけれど、あるきっかけがあってようやく壁を取り払うことができた、というエピソードが出てきました。そのときに佐和子さんは「やっとお母さんの気持ちが○○さんに伝わったということですね」とひと言で「ポンッ」とまとめたのです。こういう**まとめの言葉があると、会話の区切りになるのと同時に、「話を真剣に聞いていた」ということが相手に伝わり、さらに会話が弾む原動力になります。**

また以前、編集者の方と雑談をしていたときに息子のテストの話になって、「テストをみたら、赤点ギリギリだったんですよ」と話すと「それは省エネでいいですね」と言われ「すごい！」と唸ってしまいました。そのひと言は、くすっと笑わせてくれるようなウィットに富んでいて、なおかつ息子を立ててくれてもいるのです。「そうですよね」という相づちで終わるのではなく、こういったひと言を入れていくと、会話はさらに盛り上がっていきます。

気持ちを想像し、自分なりにまとめてみる

ひと言でまとめるテクニックは、自分のなかから言葉が紡ぎだされるものです。相

手のストーリーをまとめるセンスが必要となってきます。相手の言葉をよく聞きながら話のなかに入り込み、相手や話に出てくる登場人物の気持ちに寄り添います。「そのときにどんな気持ちだったかな?」ということを想像してひと言でまとめてみます。

たとえば、私が講師をしている研修会社のスタッフの女性から、このようなエピソードを聞きました。彼女は毎朝、夫と子どもと自分のお弁当をつくっているそうなのですが、あるとき彼女が職場でお弁当箱を開けると、ご飯の上にのせていた海苔が知らないうちにハート型にカットされていたそうです。彼女が手を離したすきにご主人が仕込んだのでしょう。その話を聞いて私が言ったのが「それって愛ですね」という言葉。彼女に見つからないよう海苔をカットするご主人の姿を思い浮かべ、出てきた言葉でした。

この話をまとめるひと言には、正解があるものではありません。**自分のわかる範囲で「こういうこと?」と想像ができたら、それを言葉にしてみましょう。**このとき、気持ちに寄り添うだけではなく、話を俯瞰して「やっと問題が解決したということですね」など合理的に話をまとめてもいいでしょう。

相手の話を受けて、自分なりにまとめてみることで、「一生懸命聞いてくれているな」と好感を持たれ、相手もあなたとの会話がいっそう楽しくなるでしょう。

話を盛り上げるひと言

OK

「それは○○ということですね」

相手の話すストーリーに入り込んで、相手の気持ちに寄り添ったり、話を俯瞰して、内容をまとめたりするひと言です。これを挟み込むことで会話を弾ませることができます。

NG

「そうなんですか」

相づちを打つときは「そうなんですか」でよいのですが、話をさらに弾ませるためには、要所要所で聞いていた内容をまとめるひと言を入れると効果的です。

36 自分ばかり話さない

本当の会話上手は、自分の話をうまく伝えられる人ではなく、相手に上手に話をさせてあげる人のことです。二人で会話をするときに、全体の六~七割を話したほうは話し終わったあとの満足度が高く、相手を「話しやすい人だな」とよい印象を持つのだと言われています。いつも自分ばかりが話していないか、振り返ってみましょう。

相手を引き立てる「額縁」のようなポジションをとる

テレビ朝日に入社したとき、私は「額縁論」というアナウンサーとしての心得を教わりました。これは、第一回紅白歌合戦の司会を務めた藤倉修一さんというアナウンサーが「よきアナウンサーとは、よき額縁たれ」と言った話がもとになっているのですが、アナウンサーの世界で受け継がれてきた大切な教えです。

出演者やゲストを「絵」とすると、アナウンサーは**その人がより輝いて見えるようなよい「額縁」であるべきだという考え方**です。木枠の額縁が絵を引き立たせるのなら木枠の額縁になり、豪華な金色の額縁になったほうが素敵に見えるのであれば、そのような額縁になる。つまり相手に合わせて声の調子や質問の内容、相づちの多さなどを変えるべきだということです。

アナウンサーに求められるのは、相手がよりよく見えるように演出をすること。餅つきにたとえるなら、杵《きね》でお餅をつく人になるのではなく、合いの手でお餅をひっくり返す人になるということです。

会話で相手に好感を持たれるためには、自分が主役になろうとするのではなく、合いの手を入れるポジションになることを意識したほうがよいでしょう。

六〜七割は相手に話をさせる

会話をするとき、多くの人が自分の話を聞いてもらい、知ってもらいたいと考えているのではないでしょうか。私は本当の会話上手とは、**相手が楽しく話すことのできる雰囲気をつくったり、話題をふったりすることができる**人のことだと考えています。

たとえば、初対面のAさんとBさんが話をしていて、Aさんが話した比率が全体の六〜七割、Bさんが三〜四割だったとします。ではどちらの満足度が高いかというと、多く話したAさんのほうです。Aさんはとても満足して「Bさんっていい人だな！Bさんとは話が合うみたい。また会いたいな」と思っているはずです。

しかし、そういう私もたくさん会話の失敗をしてきました。夢中になってしゃべったあとで「しまった！　自分の話をしすぎた」と後悔をしたこともあります。話題についても、お子さんのいない人に対して自分の子どもの話をたくさんしてしまったり、また結婚していない人に向かって「結婚ってこんなに大変なことがあるのよ！」という話をつい延々としたりして「若い人の夢を壊すようなことを言わなければよかった」とあとで後悔したこともあります。人は調子に乗ると余計なことを言ってしまうリスクが高まるので、ぜひ注意したいものです。

「私が」を主語にして話さない

「私は」「僕が」と一人称を主語にして話すと、どうしても話の内容は自分のことが中心になってしまいます。そして「私が」という主語は許容範囲ですが、ときどき「私的には」という言い方をする人もいます。この言い方は、「私が」に比べると、自我の強さがかえって強調される表現になっています。とくにビジネスシーンでは言わないようにしましょう。

そして、自分を主語にするよりは、**「○○さんは最近いかがでしたか？」と相手を主語にして質問できるほうが、相手にうまく話をふることのできる会話上手**な人だと言えると思います。自分のことを相手に知ってもらうよりも、相手のことを深く理解したいという気持ちを持つことが、うまく話を引き出せるようになる第一歩です。相手への好奇心をもって「もっと理解したい」「もっと知りたい」という気持ちがないと、質問はなかなか出てきません。

次に、一人称を口にしなかったとしても、「最近○○という映画がおもしろかったよ」と言うと、自分を主語にした会話と同じです。それよりは「最近見た映画でおもしろかったものはある？」という質問をしましょう。たとえ自分のなかで「これ！」という映画があるとしても、**まずは相手に聞いて会話の糸口を見つける。これが会話上手になるポイントです。**先のことを見通して、「相手とどんな話題を共有できるかを知りたい」という率直な想いがあれば、自分が聞き役になり、相手に話をしてもらうことが自然にできるのではないでしょうか。

聞かれたことと同じ質問を返す

また、自分ばかりが話さないようにするためには、自分が聞かれた質問と同じ質問を相手にも投げ返すということもポイントです。

たとえば「何人兄弟ですか?」と聞かれて自分のことを少し話したら、**「○○さんはいかがですか?」と返しましょう。**私のこれまでの経験上、自分が質問されて困る話題をわざわざ持ち出す人はいません。むしろ、**質問をしてきたということは、〝自分もその話をしたいと思っている〟というサイン**とみていいでしょう。少なくとも、その話題にふれても大丈夫ということです。「Jリーグだったらどこが好きですか」と聞かれたら、その発言をした本人にはきっと応援しているチームがあるはずです。

これを「私は○○が好きです。この間も試合を見に行って〜」と質問されるままに答えていると、話が終わったときに相手は〝消化不良〟の状態になってしまいます。質問はフィフティ・フィフティになるよう心がけます。同じ質問を返すことで会話のキャッチボールをつづけ、お互いに理解を深めていきましょう。

相手を「主語」にして質問する

NG

「私が〜」

自分の話ばかりをすると、相手は会話を楽しめていない可能性があります。相手に質問をしたり、自分に投げかけられた質問を相手に返すなど会話をキャッチボールしましょう。

OK

「◯◯さんはいかがですか？」

相手を主語にして、おもしろかった映画や行ってみたいお店などについて質問をして話の糸口としましょう。相手との関係を深めたいのであれば、自分はよい額縁になるという意識を持つことが大切です。

37

「でも」で、相手の話を横取りしない

会話のなかで気になるのが、話をはじめるときに「でも」「とはいえ」「逆に」などの言葉で会話を区切る言い方です。これは自分の話に強引に持っていっている印象を受けます。口ぐせのようにこれらの言葉をつかっている人は、話し相手を戸惑わせているかもしれません。

ついつい「でも」をつかってしまう三つの理由

実は私自身もついこうした言葉をつかって相手の話を遮ってしまうことがあります。それがどういうときかというと、まずひとつは話半分で相手の言葉を受けているときです。相手の話を聞いている途中から関連する別の思考が頭に浮かび、考えを巡らせるうちに自分の頭のなかの考えを否定するところに行き着くのです。たとえば、夏休みをいつとるかという話をしていたときに、頭のなかで勝手に旅行に出かけるという考えがふくらみ、一度、海外に行くことを想像しますが、それを打ち消して「でも、いま旅行するなら国内じゃない？」などと言ってしまうのです。自分に対しての「でも」なのですが、**相手は急に自分の話が遮られたように感じてしまいます。**

そしてもうひとつは、本音を包み隠して相手を説得するときです。たとえば映画を一緒に観る友人と待ち合わせの時間を決めるときに、相手に「一〇時にしよう」と提案されると、心のなかで「前の日は飲み会があるし、朝シャワーを浴びて髪を乾かしたりすることを考えると、ちょっと早いな」と思っています。その本音は口に出さずに「でも、映画は一〇時五〇分からだから、時間を持て余さないかな？」と**建前を言うために「でも」をつかう**のです。無意識のうちに「どうすれば私が悪者にならないか」を考えて「でも」でつないでいるのです。

あるいは、「でもさ、それは○○だよね」という言い方で「ここからは私の話をしますよ」という単純な区切りになっている場合もあります。相手の意見と相反することを言うわけではなく、つけ加えるという気持ちで言うのです。自分に話を引き寄せるときのブリッジ代わりにつかっているのです。

会話を区切ると、相手を身構えさせる

話すときに頭につけて相手の話を区切る言葉は、「でも」のほかにも「逆に」「とはいえ」「っていうか」といった言葉もよくつかわれます。**短い言葉で会話を区切り、自分の話に持っていき〝会話の横取り〟をしてしまうつかい方**です。

Aさん「今度ね、取引先の担当者が替わるんだけど、どんな人か心配で…」

Bさん「っていうか、いままでの人よりも悪くなるってことはないんじゃない？」

同僚のこの二人の話はつながっているようでつながっていません。Bさんは自分の勝手な憶測で相手の話をきちんと聞きもせずに答えています。たいていこのあとは、自分中心の話に展開していきます。

若い人同士のカジュアルな会話であれば気にならないのかもしれませんが、とくに年配の人だと「**反論しようとしているの？**」**と身構えてしまう**でしょう。

相手が何を言いたいのかを聞いたうえで、「わかります」と受けてから「私もこんな経験があって～」と、自分の話をつづけましょう。発言を区切るような言い方よりも、相手は自分の話を受け入れてもらっているように感じ、話も広がりやすくなります。

逆接ワードで会話の横取りをしない

NG

「でも〜」

本来は逆接でつかう言葉ですが、相手が言ったことと逆の主張を展開するのではなく、自分の話に強引にもっていくときにつかいがちな言葉です。「とはいえ」「逆に」も同様です。

OK

「わかります。私も〜」

相手の話をしっかりと聞いたうえで「わかります」といったん受けてから関連する自分の話につなげる言い方です。会話の流れもスムーズであなたの話も相手にすっと入っていきます。

38 イメージしづらい言葉はつかわない

スピーチについて教えるときに生徒に注意していることが、相手がイメージしやすいように伝えることです。

「私はこの夏、いろいろなことがありました」では、「いろいろ」がよいことだったのか悪いことだったのか、悲しいことなのかうれしいことなのか、聞いたほうには何も伝わりません。これでは何も言っていないのと同じことなのです。

相手が追体験できるように具体的に話す

自分の話を聞いてもらうときには、場面が相手の目に浮かぶように話すと伝わりやすくなります。まず、場所は具体的に地名を出したほうがいいでしょう。

「私はこの夏休みに温泉に行きました」と言うだけだと、「温泉？　海に近い熱海かな？

それとも鬼怒川みたいに山あいにあるところ？」と、漠然として話に入りづらくなります。次に登場人物も必要です。恋人と行ったのか、家族と行ったのか。「**誰と**」の**情報が不十分だと、そこを聞いたほうがいいのか触れないほうがいいのかと、相手に余計な気をつかわせてしまいます**。

そして感想を言うときには、何をしたのか、何が楽しかったのかを言葉にします。「スキューバダイビングをして楽しかった」だけで終わってしまうと、ダイビングをしたことのない人にとっては、何も想像することができず「へえ」で終わってしまいます。たとえば「スキューバダイビングをしたら、テーブル珊瑚があって、そこに数えきれないくらい色とりどりの熱帯魚がいて。水族館にいるみたいできれいだった」と言えば、相手も話を聞きながら一緒に追体験ができます。

会話は相手と一緒にストーリーを紡ぎだしながらつくり上げていくものです。**ひとりよがりな情報の出し方は、相手に伝わらないばかりか、うっとうしさも感じさせてしまいます**。話を聞いてほしいときには、二人でストーリーを展開していけるよう情報提供をしたほうがいいのです。話をする以上は、聞き手が一緒に楽しめるよう責任を持つという意識が大切です。

「少々」ではなく「○分」と時間の目安を伝える

具体的にイメージできるように伝えるということは、ビジネスシーンにおいても重要です。とくに時間の目安を具体的に伝えられると仕事も円滑に進み、できる人だと印象づけられます。

忙しい相手をつかまえて、報告や相談をするとき、「少々」「ちょっと」というあいまいな表現よりも、具体的な数字を伝えたほうが耳を傾けてもらいやすくなります。

「すみません、少々お時間をいただきたいんですけど」と言って「いま忙しいからあとにして」とあしらわれてしまった経験はありませんか？「少々」と言うだけだと、**忙しい相手にとっては「三〇分？ もしかすると1時間？」と身構えてしまいます。**

「すみません！ 三分ほどお時間をいただきたいんですけど」

「○○の件で三分ほど報告したいことがあるのですが、よろしいでしょうか？」

このように言われれば、「三分なら」と気持ちが動くこともあるでしょう。

スピーチで指名されても、「一分間ほどお耳を拝借したいと思います」と時間を伝えることで、聞き手の気持ちをぎゅっとつかむことができます。

相手が追体験できるような説明をする

NG

「夏休みはいろいろあったよ」

含みを持たせるようで、会話が広がりにくく相手もどこから質問をしていいのか、困ってしまいます。相手が自分の経験を共有できるような具体的な言い方をしましょう。

OK

「夏休みは家族で沖縄にスキューバダイビングに行って、楽しかったよ」

「場所」「誰と」「何をしたか」を具体的に入れて説明をしています。つづいて、どんなふうに楽しかったのか、相手も一緒にスキューバダイビングを追体験できるような説明を加えましょう。

39

むやみに自慢話をしない

人には「グッドニュース イズ ノーニュース」という心理があります。いいニュースというものは相手の関心を引きにくいのです。人の自慢話はたいていの場合、相手にとっては聞きつづけたいと思うような楽しい話題ではありません。聞き流されるだけでなく、自慢話ばかりをする人からは、次第に人は離れていきます。

真剣に聞いてくれるのは利害関係のある営業マンだけ？

「昇進試験に通った」「子どもが偏差値の高い学校に入学した」「夫が栄転した」こういった自分の能力自慢、友達自慢、家族自慢をされると、その場では「おめでとう」と言いますが、ずっと聞いていたいと思う人は少ないものです。

自慢話をする人と、自分からは自慢話をしてこない人、どちらが好かれるかといえば、やはり自分から自慢話をしてこない人でしょう。相手から聞かれればある程度話をしますが、**良識のある人ならむやみに自慢話はしない**ものです。

利害関係のある営業マンなら「お子さんが優秀でいいですね」「ご主人はご立派ですね」といくらでも自慢話を聞いてくれますが、それは相手が商品を買ってくれたり契約してくれたりするなど「その先」を期待しているからです。これが普通だと思ってはいけません。自慢話を永遠に聞いてくれる人は下心があるか、よほど好意を持ってくれている人かのどちらかです。

「好き」と「経験」を謙虚に伝えて自慢のニュアンスを消す

一方で、仕事では自己アピールが必要になることもあります。自慢していると思われないように、言い方には注意しながらも、しっかりとアピールして自分の評価につなげたいものです。

たとえば「英語は得意なんです」という言い方は、「英語が好きなんです」と「**好き」に言い換えるだけでも自慢のニュアンスがなくなります**。また「英語だけは、なぜか得意で」という謙虚な言い方もいいでしょう。

あるいは、「経験」でアピールする方法もあります。「○○社の担当者には気に入ってもらっているんです」と言うよりは、「○○社の担当者の方とは何度かご一緒したことがあります」と言い、自分がどう評価されているかというところまでは踏み込まないようにします。この言い方は**経験値があるというさりげないアピール**になります。

「忙しい」アピールにならないように理由を加える

本人にそのつもりはなくても、自慢に受けとめられてしまいやすいのが、自分がどれだけ忙しくしているかをにおわせる言い方です。「休みが取れない」「昨日は○時間しか寝ていない」「徹夜をした」といった話題は、たとえ本人は愚痴のつもりだったとしても、「俺は忙しいんだ」「私には仕事がいっぱいあるの」というアピールと受けとられかねません。

こうした話は同じ環境で働く同僚以外にはなるべく言わないほうが賢明でしょうし、言うなら「**たまたま仕事が重なって**」「**納期が近くて**」**といった理由をひと言加える**と、自慢のニュアンスを弱めることができます。

自慢と思わせない自己アピール

NG

「料理が得意なんです」

自分の能力を自慢していると受けとられかねない言い方です。「得意」をつかうなら、「料理だけは母の血を受け継いだのか、なぜか得意で」と謙虚な言い方をすると自慢のニュアンスが弱まります。

OK

「料理が好きなんです」

得意なことを「好き」と変換した言い方なら自慢話と思われにくくなります。ほかにも「学生時代は厨房でアルバイトをしていて」と「経験」を伝えることで自然なアピールができます。

40 自虐ネタで卑下しすぎない

日本のことわざに「実るほど頭を垂れる稲穂かな」という言葉があります。優秀な人ほど頭を低くして謙遜するものだという意味です。しかし、謙遜のつもりで自分を卑下しすぎると、相手も受け答えに窮してしまいます。会話の流れも止まり、お互いに気まずい思いをすることにもなりかねません。

「自虐」は相手が楽しく聞ける範囲を見極める

「○○さんだったら、私なんかより仕事もできるからすぐに昇進できるよ」

こんな言い方で自分を下げて相手を持ち上げるような言い方をする人がいます。しかし、この自分を下げるバランスはなかなかむずかしいものです。相手が卑下するほど、「そんなことないよ」という返し方をせざるを得ません。ここから話を展開するのはむずかしいものです。

「自虐ネタ」の話題は、話術が巧みな人は「ここまでならまわりも楽しく聞いてくれる」という範囲内で話ができます。自分で明るく話を収拾できるなら自虐ネタもよいと思いますが、さらにもう一歩深刻なところに踏み込むと、**相手も何と言っていいのかわからなくなってしまいます。その度合いを判断することが大切です。**

「自虐ネタ」で強く印象に残っているのがこのあいだテレビ番組で目にした、鶴瓶さんの東京進出の失敗談です。

もともと大阪で活躍していた鶴瓶さんは、司会業でブレイクをして東京に進出をし、当時レギュラー番組が三つほどあったそうです。しかし、そのどれもがビートたけしさんの裏番組。番組は全滅してしまい、仕事がなくなり再び東京から大阪へと戻ったのだそうです。その当時、知り合いと一緒に乗っていた電車で「東京でやってみたけど、自滅した」と話したら、自分たちの真上にあった中吊り広告の週刊誌の見出しがなんと「鶴瓶、東京進出失敗」。知り合いに「上、見てみてごらん」と言われて驚いたというエピソードを話していました。

そのときに鶴瓶さんは、東京の人は失敗の話題に触れないようにするのに、大阪では、会う人会う人が東京で失敗をした話を振ってくる。そのたびに傷口に塩を塗られたけれど、塗られきったところでスッキリして「大阪はそうやって癒してくれた」と話していました。鶴瓶さんの話は、大阪だから元気になれたという「落ち」で明るく救われていて、自虐ネタのお手本だなと感じたものです。

相手のリアクションを考えて話す

このように、自虐ネタは相手を喜ばせたり場を和ませたり、みんなを笑わせたりするところまで計算をして相手のリアクションを考えて話ができるといいでしょう。

そして、話す相手を選ぶことも大切です。**相手と自分とのかかわり合いを振り返り、自分の言ったことを相手はどう受けとめることができるのか、というところまでを考えてから話すようにします。**そういった配慮をせずに思うままに自分のことを話せる相手は、大親友と呼べるほどに心の距離が近い人くらいではないでしょうか。

自分の感情のおもむくままにいつも本音で話すというのは、必ずしも愛される行為ではないので注意をしましょう。

卑下して相手を困らせない

NG

「ご優秀なんですね。
それに比べて私なんて〜」

過度に卑下することになり、相手はリアクションに困ってしまいます。自分を下げることによって相手を立てるという会話のテクニックも、相手が答えに窮してしまわないような配慮が必要です。

OK

「ご優秀なんですね。
どうしたらそんなふうにできるの？」

会話の目的は謙遜をすることではなく、あくまで相手を立てること。卑下して相手も困らせては本末転倒です。この言い方なら、相手を持ち上げることになり、気持ちよく会話がつづきます。

41 妬みは会話の矛先を変える

嫌みや妬み、自慢話など嫌な話題になったときには、それをかわす術を知っていることが大切です。真面目な人ほど相手の意図を汲み取ろうとしてダメージを受けてしまうかもしれませんが、こうした話にはなるべく早く別の話題を振って脱出しましょう。すばやく逃げ道を判断する瞬発力が大切です。

妬みの矛先を自分から逸らす

「あなたは部長のお気に入りだからいいよね」など相手から突然嫌みを言われたとき、どう切り返しますか？　カチンときて「ちょっとそれ、どういう意味？」と売り言葉に買い言葉で真正面から受けてしまうと、険悪な空気になることもあります。

「そう？　でもこのあいだ○○君のこともがんばっているってほめていたよ」

妬みや嫌みの矛先が自分に向けられたときは、このように言って対象を自分から逸らすことで、話題を部長と○○君の二人の問題にすることができます。

相手に「最近、仕事の調子がいいんだって？　うらやましいよ」という言い方をされたら、「**そういう○○さんだって、ご活躍ですよね**」と相手に返したり、「**私なんてまだまだ、○○君なんてすごいですよ。この間、こういう賞をとっていましたよ**」と自分よりもすごい人を引き合いに出して、自分に向けられた矛先をほかのところへ転換しましょう。

もしくは、失敗談があればそれを引っ張りだすこともできます。「でも私、実はこの間ミスしてしまって。怒られたんですよね」と自虐ネタに持っていってもいいでしょう。

自分の手がけた商品がヒットしたり、営業成績がトップになったときに、同僚から「やるじゃん！」などと言われたときは、好かれる人は「**指導してくれた先輩のおかげだよ**」「**たまたま、運がよかったんだと思います**」**と手柄を自分のものにしません。**

こうした謙虚な態度だと、まわりから好感を持たれるでしょう。

相手の話からキーワードを拾って逸らす

また、相手の自慢話や愚痴、その場にいない第三者の悪口などの嫌な話題になったときには、さっと話を切り替えることも大切です。

「そういえば、さっき話に出てきた○○なんだけど」と、相手の会話からキーワードを拾って、**主題を関係のないところに持っていきます**。変えやすいのは「人」や「お店」の話題。「その○○っていうお店だけど、そういえばまだ行ったことがなくて。どうだった？」などと話をさりげなく逸らしましょう。

キーワードを拾って切り替えることがむずかしければ、あえて極端に変えてしまうのもひとつの手です。「あ、そういえば次の部会の日程って知ってた？」などと思いついたように話題を変えるのです。

本心からのほめ言葉であれば「ありがとう。うれしいです」と受けとめたいですが、そうでない場合は一刻も早く話を逸らします。相手から投げられたボールをキャッチせずにバットですぐに打ち返すようなイメージです。新しい話題を投げ返し、嫌な話題から脱出する。その反射神経を鍛えれば、会話のストレスも減らすことができます。

妬みや嫌みを切り返す

NG

（「仕事の調子がよさそうでうらやましいよ」と言われたら）

「いいえ、そんな……」

真面目に受けとめる人ほど、「言っていることにどんな意図があるんだろう」と気にして言葉がつづかなくなってしまいます。相手の言葉は妬みや嫌みだと判断すれば、割り切ってさっと切り返します。

OK

「そうおっしゃる○○さんのことを、部長がほめていましたよ」

自分に向けられた矛先を、相手に戻す言い方です。自分よりもさらにすごい人を持ち出したり、「サポートしてくれた部内のみんなのおかげです」とまわりの手柄にしてもいいでしょう。

Column 6

同じような気づかいを周囲に求めない

本書を手にとるような方は、「相手のことを考えたモノの言い方ができるようになりたい」という心の優しい方、「うまく伝えるのが苦手だからもっとどうすればよいかを知りたい」という向上心の強い方が多いのではないかと思います。

しかも、ここまで読んでくださる方ですから、きっと気づかいについて人一倍敏感な方が多いのだと思います。そんな方には、その素敵な性格や感性を大切に育んでほしいと願っています。そのうえで、ひとつ気をつけてほしいことがあります。

それは、周囲に同じような気づかいを求めないことです。「普通、この言葉にはこう返すのが常識でしょ」と相手に対して苛立ちを覚えたり、「なんであんな言い方するんだろう」と悲しく思ったりしたことはありませんか？　こうした感情は、気づかいのできる人だから感じるものだと思います。

繰り返し述べてきたように、人の考え方や言葉はまさに十人十色そのものです。好感を持たれやすい「正解らしきもの」はありますが、それが唯一の正解と言い切れるわけではありません。言葉に至るまでの思いや感性は、人それぞれの個性そのものであり、何が間違いというものでもありません。

自分の考え方を押しつけることなく、相手の個性を尊重する意識を持てるようになると、その人との違いを楽しむということもできるようになるかもしれません。

自分が言葉づかいや気配りに敏感だったとしても、同じようなことを相手に求めない。これも大切な気づかいのひとつだと思います。

「伝えること」をあきらめないで――おわりに

本書を通して、いままでうまく言えずにあきらめていたことを伝えられるようになるためのヒントや、自分の言い方を見直すヒントが見つかったでしょうか。

発見のあったページには、ぜひ付箋やしるしをつけておいてください。そして、これからの人生で人間関係に行き詰まってしまったときや「なぜあんなリアクションで返されたんだろう」「どうして何度言っても伝わらないんだろう」と困ったときに、再び本書をひもといていただければ幸いです。

そして、最後にひとつアドバイスをさせてください。もし「伝わらない」と思うことがあっても、相手の思惑を自分で想像しすぎないようにしましょう。私の過去を振り返っても、多くの場合は私がネガティブに思い詰めていただけで、まわりの人は自分の想像よりも悪く思っていなかったということがたくさんありました。

伝わらないときには、相手に対して説明不足の部分はなかったのか、自分の心の中で大事にしているのに言葉にできていなかった箇所はないか、丁寧に原因を探してみましょう。そして、あきらめずに自分の想いをわかりやすく伝える努力をしつづけてほしいと思います。

私は話すことを仕事にしているにもかかわらず、いまだに伝わらないことの連続です。

「なんで伝わらないの？」「どうしてそう受けとるの？」

いまでもそう思うことがたくさんあります。しかし、これは人に個性がある限り一生つづくものだと思っています。

うまく伝わらなかったり誤解を生んだりすることはこれから何度もあると思います。わかりやすく伝える努力は、永遠にしつづけなければいけないのです。

でも、だからこそ人生はおもしろいのではないでしょうか。

私はよくまわりの人から「気をつかいすぎ」「考えすぎ」と言われるのですが、実はずっと、まわりの人も自分と同じように考えているものだと思っていました。

半世紀近く生きてきて、ようやく人と自分は違っていて、人によって行動パターンや考え方が異なるのだということが、納得できるようになってきました。

気づかいが通じる相手もいれば、どれだけ丁寧に言葉を尽くしても伝わらない相手もいます。それを認められるようになると、「私はこう考えているから、こうしてほしい」と相手の負担にならないように、自分の気持ちを少しずつ伝えられるようになっていきました。

人の気持ちは一〇〇%言葉に表われることはありません。どんなに言葉のつかい方に気を配っても伝わらないこともあります。

それでも、自分の想いを言葉にして、わかりやすく伝えるということをどうかあきらめないでほしいと思います。一度言ってうまくいかなかったとしても、もう一押ししてみる勇気を持ちましょう。

たとえ予想外のリアクションが返ってきたり、話の展開が思うような方向に進まなかったりしたとしても、自分なりにアプローチをしたのであれば、きっと納得がいく結果になるのではないでしょうか。

本書の内容は、私だけの力ではなく、さまざまな方とのおつきあいのなかから生まれたものです。コミュニケーションを極めるための講座を一〇年以上にわたって担当させてくださった株式会社シェリロゼの井垣利英さん、私に言葉の奥深さを気づかせてくれたシェリロゼの生徒のみなさま、本の取材から執筆まで全面的にお力添えをくださったライターの梅田梓さんに、この場を借りて、心からの感謝の気持ちをお伝えしたいと思います。

それから、言葉に携わる出発点となったテレビ朝日と、これまで私をずっと支えてくれた家族にも感謝の気持ちを捧げます。

そして何より、最後までお読みくださった読者のみなさまに心よりお礼申し上げます。本書が、みなさまとまわりの方とのよりよいコミュニケーションの一助となれば幸いです。

渡辺由佳（わたなべ　ゆか）
1964年、東京都出身。慶応義塾大学法学部政治学科卒業。テレビ朝日にアナウンサーとして入社。報道から社会情報番組まで多数の人気番組を担当。1993年に独立。以後、フリーアナウンサー、話し方講師としての活動を始め、テレビ朝日アナウンサースクールで指導を行なうほか、みずほ総合研究所（株）、SMBCコンサルティング（株）、（株）星和ビジネスリンクなどで「ビジネスマナー」「コミュニケーション」「ビジネスメール」をテーマに企業向けのセミナー講師も務める。2016年より大妻女子大学文学部非常勤講師を務める。
著書に、『会話力の基本』（日本実業出版社）、『スラスラ話せる敬語入門』『サクサク書けるビジネスメール入門』（以上、かんき出版）、『気の利いた「ひと言」辞典』（講談社）などがある。

ブログ:渡辺由佳の素敵なことば探し
http://ameblo.jp/sutekinakotoba/

好《す》かれる人《ひと》が絶対《ぜったい》しないモノの言《い》い方《かた》

2016年 4 月10日　初 版 発 行
2022年 3 月20日　第10刷発行

著　者　渡辺由佳
発行者　杉本淳一

発行所　株式会社日本実業出版社　東京都新宿区市谷本村町3-29 〒162-0845
編集部　☎03-3268-5651
営業部　☎03-3268-5161　振　替　00170-1-25349
https://www.njg.co.jp/

印刷／理想社　製本／共栄社

この本の内容についてのお問合せは、書面かFAX（03-3268-0832）にてお願い致します。
落丁・乱丁本は、送料小社負担にて、お取り替え致します。

ISBN 978-4-534-05379-4　Printed in JAPAN